Políticamente correcto

Ramoncín

Políticamente correcto

o cómo decir las cosas sin llamarlas por su nombre

Ramoncín

temas'de hoy.

Paseo de la Castellana, 28. 28046 Madrid
Diseño de Cubierta: Rudesindo de la Fuente
Primera edición: octubre de 1997
ISBN: 84-7880-871-X
Depósito legal: M-33.509-1997
Compuesto en J. A. Diseño Editorial, S. L.
Impreso en Lavel, S. A.
Printed in Spain - Impreso en España

índice

Para Alenka, mi pequeña niña

volando voy

AZAFATA: Mi empleada de hogar es la azafata de casa. Sólo que no vuela.

BREVE RETRASO: Dos horas, según las compañías aéreas.

CENA A BORDO: Como la comida, pero menos cantidad.

COMIDA A BORDO: Según las mismas compañías, bazofia pura.

DEMORA: Cuatro horas en los vuelos internacionales, una y media en los nacionales.

PEQUEÑA INDISPOSICIÓN: Principio de infarto, vómitos, histeria... producidos después de las pequeñas turbulencias y minimizados por las azafatas.

PEQUEÑAS TURBULENCIAS: Suele decirlo el comandante del avión segundos antes de que confíes tu alma a los dioses.

RATO: Una hora, según las azafatas, cuando les preguntamos: «Perdone, señorita, ¿cuándo despegamos?»

ladrones, drogadictos, corruptos y asesinos

ADICCIÓN: 1. Drogadicción, alcoholismo. 2. Ludopatía. Los encargados de centros de rehabilitación evitan, siempre que pueden, cualquier referencia directa al problema de sus pacientes.

ADICTO/A: 1. Toxicómano, drogadicto, alcohólico. 2. Ludópata. Con este término se da carácter de enfermedad a las diferentes toxicomanías.

AGENCIARSE: Robar, apoderarse de algo con malas artes.

AMIGO/A DE LO AJENO: Ladrón, choro, randa. Curiosa amistad.

APROVECHADO/A: 1. Choro, chorizo, ladrón, prevaricador. 2. Sobón, pulpo, parcheador.

ARTE: Habilidad para el engaño, la estafa, el timo, la mentira, el robo y la holganza.

AVISO SECRETO: Delación, soplo, denuncia.

AZÚCAR: 1. Heroína. 2. Cocaína. 3. Morfina. Aquí el eufemismo apunta en la misma dirección que la germanía: engañar al neófito.

BAILAR: Robar, chorar. Una muestra de que en la jerga, en este caso la que utilizan los profesionales de la cuerda, el eufemismo, o decir las cosas sin llamarlas por su nombre, es útil para, además de resultar ininteligible, simular que se tiene una profesión artística.

BAILARÍN/A: Ladrón. A los profesionales que se dedican a la danza no les gusta esta expresión; a los profesionales que se dedican al robo tampoco. Por muy artística que parezca.

CACO: Ladrón, randa, choro. A pesar de lo simpático del término, y del recuerdo, cariñoso y nostálgico, del personaje de tebeo «El Caco Boni», un choro es siempre un choro. Pero de lo que no cabe duda es de que al ser un término gracioso, o familiar, el sentido real pierde dramatismo y, así, si en una información el sujeto, Conde, un suponer, aparece como caco, en vez de ladrón, corrupto, prevaricador, o cualquier otra lindeza, el informado podría llegar a creer que el tal —el que sea, ¿vale?— delincuente no es tan malo como nos lo pintan.

CAPTACIÓN: 1. Corruptela, cohecho, soborno. 2. Señuelo. Término utilizado generalmente por algunas sectas.

CAPTAR: Comprar, sobornar, corromper. A veces, la respuesta a algunos de los millones de panfletos publicitarios que encontramos en el buzón es utilizada con fines deshonestos para captarnos, bien como consumidores materiales, bien como necesitados espirituales.

CAUTELA DEL DELINCUENTE: Mala fe, perfidia, felonía, alevosía.

CLIENTE DE CARONTE: 1. Muerto, palmado, finado, fiambre. 2. Agonizante. 3. Toxicómano.

COLOCADO/A: Drogadicto, alcohólico.

COLOCARSE: Drogarse, emborracharse, ponerse bien.

COMERCIAR: Traficar, especular. Desgraciadamente, el tráfico de drogas y de armas no es otra cosa que puro comercio.

COMERCIO ILEGAL: Contrabando, alijo, matute.

CONNIVENCIA: Conspiración, conjura, complot, intriga. Se convierte en eufemismo, como tantas otras palabras, por el sentido práctico y restringido que se hace de ella: todo el mundo sabe qué es una «conjura» o una «intriga», pero pocos acuden al diccionario para buscar el sentido de una palabra que no usan habitualmente o que, sencillamente, desconocen.

CONNIVIR: Maquinar, conspirar. Es como vivir con un cadáver y soportar la putrefacción.

COOPERADOR/A: Cómplice, codelincuente, coautor. Y eso que parece aludir a un miembro de una ONG.

CULPA: Crimen, atentado, homicidio, asesinato. Matar a alguien y decir: «Ha sido por mi culpa» es como si hubiera sido jugando, ¿no?

CULPABLE: Malvado, malhechor, homicida, criminal, asesino. Aunque signifique todo lo anterior, el juego continúa.

NO CULPABLE: O. J. Simpson. Sólo en los Estados Unidos de América podría declararse «no culpable» a un criminal probado, para más tarde declararle «responsable».

RESPONSABLE: Simpson, también. Un segundo juicio consideró responsable a O. J. de las muertes por las que había sido declarado «no culpable» en una primera vista. La diferencia entre una sentencia y otra es que no se le puede considerar asesino, no irá a la cárcel y no manchará, oficialmente, su hoja de servicios prestados a la patria; eso sí, registrará un hundimiento económico de gran magnitud.

DEJADO/A DE LA MANO DE DIOS: Asesino, criminal. Lo utilizamos para definir a una persona capaz de cometer enormes y atroces delitos. El nihilismo de Dios es, aquí, responsable de los terribles actos de sus hijos.

DESENGANCHARSE: Desintoxicarse, superar alguna adicción perniciosa; incluso, abandonar hábitos sexuales o dependencias personales.

DESPACHAR: Asesinar, matar, dar mulé. «¡Despáchame al cerdo!» Con esta frasecita, si la policía tiene pinchado el teléfono del asesino, aunque sepa de qué va, tendrá más dificultades para inculparlo que si graba «¡Matad al gordo de la carnicería!».

DESPOSEER: Robar, quitar, expoliar, rapiñar. Hermosa palabra para tan mezquino fin.

DISUADIR: Desaconsejar a base de amenazas físicas o económicas.

DOPADO/A: Drogadicto, colgado, toxicómano. Así se denomina, de forma amable, el estado y el pecado de algunas personas que antaño disfrutaron de la admiración general.

DOPAJE: Para no llamar drogadictos, drogodependientes o toxicómanos a algunos deportistas, se utiliza esta palabra al referirse a la acción y efecto de administrar o administrarse fármacos o sustancias estimulantes que potencian artificialmente el rendimiento físico y mental.

DOPARSE: Drogarse, consumir estupefacientes. Colgarse.

ELIMINAR: Asesinar, matar. Término favorito de algunos capos. A John Gotti, antes de guardarle de por vida, le grabaron cintas de audio en las que insistentemente hablaba de «eliminar».

ENGANCHADO/A: Toxicómano, drogodependiente. Cliente de Caronte.

ENGANCHARSE: Hacerse adicto a las drogas. Viajar por la autopista del infierno.

FACCIÓN: Banda, grupo terrorista. El diccionario de la RAE dice que procede del latín; bando, pandilla, parcialidad o partido, violento o desaforado en sus procederes o sus designios. Hoy día decir «facción» en vez de «banda terrorista» es dar ventaja.

INICIADO/A: Toxicómano. Cuando a una persona se le dice, instantes antes de darle a probar por primera vez la heroína, esnifada, fumada o inyectada, que se le va a iniciar en un nuevo sentido de las cosas, ésta tiende a creer que está a punto de hacer algo importante; y es que hay quien piensa que empezar a morir es excitante.

INICIAR: Incitar a la toxicomanía. Toxicómanos y narcotraficantes poseen un afán malsano en añadir adeptos a tan perniciosa y destructiva costumbre.

INSTITUCIÓN PENITENCIARIA: Cárcel, talego, maco. A pesar de todo, no son vacaciones pagadas.

INTERFECTO/A: Víctima de un crimen. Persona muerta violentamente. Si la familia recibe la noticia del asesinato o de la muerte en accidente de un ser querido aludiendo al finado con esta palabra, lo primero que pensará es que le han hecho jefe de algo.

LARGO/A DE MANOS: 1. Ladrón, ratero, atracador. 2. Persona con propensión a pegar o golpear.

LISTO DE MANOS: 1. Ladrón, latrocinador. 2. Corrupto. Diestro en hurtar o en sacar provecho ilícito de un cargo.

MANOS LARGAS: 1. Choro, ladrón, chorizo, caco, randa. 2. Pulpo, parcheador, sobón. Si además son rápidas, ni la víctima se da cuenta de que le roban, ni la acosada puede hacer nada sin que sea demasiado tarde.

METER LA MANO EN EL CAJÓN: El cajón es el dinero público, y, cuando alguien lo sustrae, no sólo es un ladrón y un corrupto, sino que, además, traiciona la confianza que en él han puesto sus compatriotas.

PATRÓN DE COMPORTAMIENTO NEGLIGENTE: Conducta criminal. Cuando el abogado defensor se refiere con esta locución a los hechos, consigue lo que se propone: decir lo que todo el mundo sabe sin tener que llamarlo por su nombre.

Ponerse bien: Curiosa locución que significa, mira por dónde, «colocarse», y ésta, a su vez, «ponerse una persona o cosa en su debido lugar».

Prisión preventiva: Dos años de cárcel, aunque este baremo no funciona igual entre los que no tienen nada y aquellos que, sin saber cómo ni de dónde, depositan fianzas multimillonarias.

Privado/a de libertad: 1. Encarcelado, preso. 2. Esclavizado. 3. Secuestrado. Es el tono y la circunstancia lo que suaviza el término. Un esclavo no lo es tanto si «sólo» está privado de libertad. En cambio, alguien harto de su cónyuge podría decir que su relación le priva de libertad, y todos estarían de acuerdo en que lo mejor es dejarlo.

Privar de libertad: 1. Encarcelar. 2. Esclavizar. 3. Secuestrar. Suena mejor, pero el resultado es el mismo. No hay que olvidar que a algunas personas no les gusta la libertad... de los demás.

Protección: Amparo que ofrece el barbó a la prostituta, a cambio de una parte de los beneficios obtenidos por ésta. La defensa que ofrecen diversas bandas terroristas o mafiosas.

Remedio: Droga, estupefaciente. Al cabo del tiempo, poco tiempo, pasa a ser enfermedad.

Sustraer: Hurtar, rapiñar, chorar. Como el diccionario también dice que *sustraer* es «restar», «hallar la diferencia entre dos cantidades», el ladrón no roba: hace cálculos matemáticos a su favor.

UNTAR: Corromper, sobornar. ¿Qué es una propina? Sobre todo en Estados Unidos, donde sin *tip* no se consigue absolutamente nada: un unte, una puerta abierta al lugar donde queremos estar en ese momento. Para comerse la mantequilla hay que untarla primero en el pan.

VENTILAR: Matar, asesinar. Me encanta este eufemismo, ventilar por matar, dar aire por quitarlo; es brutal.

haciendo toda clase de necesidades

ALIVIAR EL VIENTRE: Defecar, obrar, jiñar. Estas cosas nunca suenan ni más finas ni mejor, pero hacemos lo imposible para evitar que los demás sepan que nos estamos cagando.

ALIVIARSE: 1. Peerse con consentimiento médico. 2. Echar un polvo. Las dos circunstancias aligeran la carga y relajan; además, dicho así parece como si nada.

ALIVIO: 1. Pedo, ventosidad. 2. Polvo, coito. En ambos casos te quedas como nuevo.

ARROJAR: Vomitar, cambiar la libra, darle la vuelta a la pela, potar. «¿Ha arrojado el niño?» «Sí, doctor, dos veces esta mañana.» Y el niño se pregunta qué coño ha hecho si lo único que le pasa es que no para de vomitar.

ASEO: Retrete, váter, tigre. Cuando alguien dice «voy al aseo», aunque sea a defecar, suena a limpio.

BIDÉ: Si una jofaina es un lavacara....

DEFECACIÓN: Mierda, ñorda, catalina, cagarro. En nuestro intento de suavizar la expresión de todo lo referente a las necesidades biológicas más asquerosillas, usamos esta palabra cuando nos sentimos, o somos, tímidos, y así, si huele, nos perdonan más.

DEFECAR: Evacuar, obrar, cagar. Como expele sus excrementos el timorato.

ENEMA: Lavativa. Medicamento líquido que se introduce en el cuerpo por el ano mediante un artilugio dispuesto para ese uso. El latín se impuso al griego y así se descarga y limpia el vientre sin mencionar guarrería alguna.

ENSUCIAR: Defecar, cagar, evacuar; por lo tanto, nada peor que *ensuciar* el nombre de alguien con injurias y calumnias.

ESTAR DESCOMPUESTO/A: Cagarse por las patas abajo. Se parece a «indisposición», pero es algo más desagradable.

ESTAR MALA: Tener la menstruación. Mal de humor, mal de aspecto, incomodidad, mal de sabor, irritabilidad y mal de ganas (no todas).

EVACUAR EL VIENTRE: Defecar, cagar. Es como lo de «aliviarse» pero un poco más urgente.

EXCREMENTO: Ñorda, mierda, estiércol, bosta, fiemo. Los que más usan este término son los guionistas de series televisivas, a los que —después de describir cómo deben estar esparcidos los sesos de la víctima por las paredes de la habitación en la que han acaecido los luctuosos sucesos, antes de la llegada del cansado inspector fumando un cigarro puro y oliendo a colonia barata, con una sonrisa que le cuelga de oreja a oreja, aunque un poco caída, y aspecto de estar cansado y aburrido, sin que se sepa exactamente cuál de las dos circunstancias marcan más su previsible personalidad— les entra el rollo fino y no quieren hablar de más mierda.

EXCUSADO: Retrete, váter, tigre. Se excusa a quien abandona nuestra compañía, por sobrentender a dónde se dirige, y por qué.

EXPECTORAR: Escupir. Arrancar y arrojar por la boca flemas y secreciones. El mismo guionista de antes, pero esta vez con complejo de culpa por crear personajes que fuman y así condenarles al cáncer de pulmón.

EXPELER: 1. Escupir, esputar, echar un lapo. 2. Eyacular. Como significa «hacer salir algo del organismo», se puede usar con discreción y en cualquier situación.

HACER AGUAS: Orinar, mear. Si no se lee lo suficiente y no se es persona familiarizada con el mundo del mar, se puede caer en el error de decir que «el barco hizo aguas», es decir que el barco se meó, y eso es complicado. ¿Que no?

HACER DE CUERPO: Obrar, defecar. Es difícil oír mayor tontería, y aunque la denominación es correcta, el acto no deja de ser desagradable.

HACER DE VIENTRE: Cagar, jiñar. Amable y decoroso, también grotesco, pero sigue apestando.

HACER LAS NECESIDADES: Defecar y mear. Comer, beber y follar deben de ser obligaciones.

HACER PIS: Mear. Lo usan los niños, y las chicas en las discotecas cuando, en realidad, lo que quieren es irse varias juntas al baño para hablar de cosas que a los chicos no les interesan.

HEMORROIDE: Almorrana. Suena mejor, pero molesta igual.

HUMOR: Secreción, pus, aguanosidad, serosidad. Pues no le veo la gracia.

INDISPOSICIÓN: 1. Vómito. 2. Diarrea. 3. Menstruación. Para las ausencias laborales, esta palabra es muy socorrida.

INDISPUESTA: Que está con la regla.

INODORO: Taza de váter. Hace desaparecer de la vista los excrementos; pero el olor, ¡ni hablar!

OBRAR: Cagar, evacuar. Hacer una obra diaria enaltece el espíritu.

PAPEL HIGIÉNICO: El paradigma del eufemismo. Inventado en Estados Unidos por Joseph Cayetty en el año 1857, tardó varias décadas en popularizarse, y lo hizo, cómo no, en Francia, donde su uso se consideró un lujo refinado al alcance de todos. Finalmente, fueron los hermanos Scott, Clarence y Edward, de Filadelfia, los que perfeccionaron el rollo que, en 1879, el inglés Walter Alcock inventó para sustituir su empaquetamiento en hojas individuales. «Suave como viejo lino», rezaba la campaña de promoción de los hermanos Scott, pero no fue muy efectiva, y, hasta que no abandonaron los eufemismos («úselo en la habitación más pequeñita de la casa»), no consiguieron lo que hoy en día resulta tan normal: convivir con tan práctico objeto para uso tan innoble.

PAÑO HIGIÉNICO: No quiero ni pensar cómo podría haberse llamado hoy a esos trapos o gasas que se usaban antaño. Condenado al ostracismo (será por no tener una historia tan intensa como la del papel) y de uso menos innoble, ha sido sustituido por las compresas y tampones.

COMPRESA: Paño higiénico desechable. La sofisticación de esta compañera imprescindible e insustituible para la mayoría de las mujeres ha llegado a tal extremo que, además de minis, extraplanas, absorbentes y perfumadas, hoy existen compresas con alas.

TAMPÓN: Es la *m* lo que da carácter eufemístico a la palabra que designa este objeto cilíndrico, que no es más que un tapón hecho de materiales con capacidad de absorber, y de distintos tamaños, a gusto de la consumidora.

PERÍODO: Regla, menstruación. Los cálculos con la duración del período dan lugar al método Ogino, que ha llenado de niños el mundo.

PIS: Orín, orina. Si el niño se te hace pis encima no sienta tan mal como si te mea. Y algunas personas, en particular señoritas tímidas de familia bien, prefieren hacer pis a mear; qué cosas.

REGLA: Menstruación. Como no hay regla sin excepción, a veces falla y...

TENER LA VISITA DEL NUNCIO: Según Quevedo, «estar con la regla».

VENTOSIDAD: Pedo, ril. A pesar de la denominación, si huele, huele.

VUELTA DE ESTÓMAGO: Arcada, basca, náusea. En barco, realmente se percibe.

de paseo con la familia

ALUMBRAMIENTO: Parto. Este vocablo tiene un sentido tan religioso y espiritual que sitúa a la madre en un pedestal deífico.

ALUMBRAR: Parir. Sólo las diosas tienen capacidad para dar algo tan sofisticado como la vida. Cuando las mujeres recuperan la cualidad humana, lo recuerdan sin cesar, como si los hombres no lo supiésemos, o fuese necesario repetirlo a cada momento para que así no olvidemos nuestra condición de inferiores.

ANCIANO/A: Viejo, provecto, acabado. Hasta hace muy poco tiempo la gente sólo usaba este término para referirse a sus parientes queridos; el resto eran viejos acabados que sólo seguían en el mundo para estorbar. La palabra «anciano» les devuelve una pequeña parte de lo que se les debe.

ANILLO DE COMPROMISO: Llamado así en tiempos de amor, no pocas veces se convierte en cadena.

ASISTENTA: Chacha, cotufa. Parece poco respetuoso decir «la chica»; y la chacha ya no es esa muchacha de pueblo inculta que llegaba a una capital para servir en casa de unos señoritos, que eran conocidos o parientes de los señoritos del pueblo. Además, la incorporación de mujeres llegadas de otros países a este sector laboral, la regulación de esta actividad y el cambio de actitud social han conferido dignidad a un trabajo otrora tan denostado.

ASISTENTE: 1. Criado. 2. Secretario. 3. Ayudante.

AVERIADA: Embarazada, encinta, preñada. Terminología machista para indicar que la compañera no está lista para un *uso* normal, mostrando que se ignora cualquier derecho a la igualdad y al respeto.

CABEZA DE FAMILIA: Propietario, dueño, patrón, poseedor. A los hombres de mentalidad estrecha les encanta este término porque creen que les hace más importantes.

CADUCO/A: Carcamal, facha. De ideas «caducas» en vez de ideas «fascistas»; parece moderar una línea de pensamiento que sería deseable que desapareciera.

CASARSE POR DETRÁS DE LA IGLESIA: 1. Amancebarse. 2. Juntarse por lo criminal. Esta expresión se acuñó cuando un número considerable de parejas decidieron irse a vivir juntos sin pasar por la vicaría o el juzgado, en una época en que este derecho era casi un delito.

CONTRARIO/A: 1. Esposo, cónyuge. 2. Dañino, perjudicial. 3. Contradictorio, incompatible. 4. Enemigo. 5. Desemejante. Con estas acepciones de «cónyuge», lo del matrimonio es para pensárselo.

CÓNYUGE: Según la etimología de esta palabra, derivada del latín, su significado es «el que lleva el mismo yugo». Si el juez o el sacerdote, en lugar de preguntar esas cosas tan bellas y emocionantes, se dirigiese a la pareja diciéndoles: «Fulano, ¿quieres pasar el resto de tu vida llevando el mismo yugo que Mengana?», la institución matrimonial se vería seriamente afectada, y con ello el negocio religioso, oficial y social que lleva consigo.

DAR A LUZ: Parir. «Dar a luz» es una locución tan refinada que parece inventada para quitar cualquier dramatismo a tan hermoso e increíble acto.

DOMÉSTICO/A: Criado, sirviente, lacayo. Voz más civilizada para referirse a un ser humano que trabaja al servicio de otro, pero sigue teniendo ese puntito humillante, del que algunos disfrutan.

DULCE CONDENA: El matrimonio mientras dura la luna de miel. La que cumplen algunos millonarios, o jefes mafiosos, en celdas a las que no les falta de nada.

EDAD DE ORO: Ancianidad, edad provecta, tercera edad. El hombre siempre ha buscado, y codiciado, este precioso metal.

EDAD PROVECTA: Ancianidad, vejez. Parece que se es más sabio que viejo, ¿verdad?

EMPLEADA DE HOGAR: Asistenta, chacha, ñaña. Término de uso obligatorio si no se quiere parecer un retrógrado.

ENCINTA: Embarazada, preñada. Mi madre dice que se quedan «preñadas» las hembras de los animales, que ella se quedaba «encinta». Así hasta ocho veces. Mi madre es muy graciosa. ¡Gracias, mamá!

ENLACE: Matrimonio, boda, desposorios. No sé qué pinta una cuerda (la del enlace) en tan romántico rito de la vida.

ESTAR EN ESTADO: Estar encinta. Segundo paso para llegar al cielo.

FECUNDAR: Preñar. Dejar embarazada. Sin este primer paso no hay segundo, ni cielo, ni nada.

HIJO/A DE MADRE SOLTERA: Bastardo, adulterino, espurio. Durante muchos años el racismo en España se limitaba a los hijos de soltera, los gitanos y los picados de viruela.

MADRE POLÍTICA: Suegra. Dicen que así de mala es la política: se añade a la palabra más hermosa y aparece la suegra.

PADRE POLÍTICO: Suegro. Persona que suele pasar desapercibida por la capacidad de la suegra para entrometerse hasta en los más mínimos detalles.

PERITA EN PARTOS: Comadrona, partera, comadre.

PROVECTO/A: Anciano, viejo. Por lo poco que se usa y lo solemne que parece, esta palabra merece el mismo respeto que las personas a las que adjetiva.

RESIDENCIA DE LA TERCERA EDAD: Asilo. No sólo ha cambiado la denominación, sino que, afortunadamente, hay lugares en los que un anciano puede sentirse cuidado y tratado como, sin duda, se merece.

SERVICIO DOMÉSTICO: La mejor forma de referirse a las empleadas de hogar y a los mayordomos.

SIMIENTE: Semen. En *La casa de la pradera* era impensable que el bueno de Landon le dijera a alguien de la familia Ingels que su semen, salido de allí mismo, era el responsable de tanta felicidad y bucolismo. ¡Vaya ejemplo!

GERMEN: También semen. Aunque sea de san lo que sea.

SEMILLA: El mismo semen con resultado positivo.

TERCERA EDAD: Vejez, senectud, vetustez. Este término, acuñado no hace demasiado, confiere esperanza a la situación y ayuda a soportar el peso de los años.

VETERANO/A: Anciano, vejestorio. Dícese también de la persona que tiene experiencia en actividades poco recomendables, por ejemplo, ir de putas.

VETUSTO/A: Anciano, viejo, ruinoso, decrépito. Quizá con «anciano» tendríamos suficiente, pero tantas décadas de menosprecio nos obligan a buscar y buscar términos amables para no ofender jamás.

entre espías anda el juego

ACATAR: Obedecer, y si es con sumisión y respeto, mejor.

AGENTE: Policía, madero. Este término, más civilizado, ha servido para reconciliar a los ciudadanos con la pasma.

AGENTE DE LOS SERVICIOS DE INFORMACIÓN: Espía; dicho así, está pasado de moda y recuerda a las películas antiguas. Designado con esta locución cualquier fisgón de tres al cuarto seguro que se siente más importante.

APARATO DEL ESTADO: Mecanismo de represión.

ASIGNACIÓN: En determinados ambientes, especialmente en el de la Seguridad del Estado, soborno.

AUTOCONTROL DE LOS IMPULSOS Y EMOCIONES: Soportar estoicamente cualquier agresión física o verbal, y no echarse a llorar o vomitar de asco por un cadáver de nada.

CAPACIDAD DE ALERTA Y ATENCIÓN CONCENTRADA: «¡Ése tiene cara de sospechoso!» «¡Aquella señora se ha guardado un yogur en el escote!» Para policías de élite y de grupos especiales. Sin estas dos virtudes, no se pasa de madero.

CAPACIDAD DE ATENCIÓN MANTENIDA: No dormirse en una vigilancia.

CAPACIDAD DE DETECCIÓN DEL PEQUEÑO DETALLE: Todo buen agente debe darse cuenta, cuando entra en la escena de un crimen, de que, si hay colillas en un cenicero, es que alguien ha fumado.

CAPACIDAD PARA EL ANÁLISIS RÁPIDO DE SITUACIONES COMPLEJAS: Algunos policías de novela consiguen enterarse de lo que pasa incluso antes que el novelista.

CAPACIDAD PARA EL DESARROLLO DE TAREAS RUTINARIAS: La vida de cuartel, la limpieza de las botas, desmontar y montar el arma con los ojos vendados, limpiar las letrinas o fregar los perolos. También patrullar la misma calle cuatrocientas veces al día.

CONFIDENTE: 1. Espía, soplón, fuscón. 2. Leal, adepto.

COORDINACIÓN MOTORA Y DESTREZA FÍSICA: Salir del coche sin caerse, correr detrás del delincuente sin asfixiarse y enfrentarse a él sin ser noqueado.

FUERZAS ARMADAS: La definición de cada una de estas dos palabras y sus respectivas etimologías desvelan lo que encubre uno de los eufemismos más descarados. Ejército puro. Militarismo.

FUERZAS DE ORDEN PÚBLICO: Policía y Guardia Civil. No siempre se las pudo llamar así..

FUERZAS DE SEGURIDAD DEL ESTADO: «Cuando paseamos por nuestras calles, cuando llevamos a nuestros niños al colegio y cuidamos nuestro jardín o lavamos el coche familiar, cuando comemos y nos reunimos con nuestros amigos para ver el derbi por la tele o cuando, sencillamente, dormimos en la paz de nuestras habitaciones... podemos hacerlo porque ellos vigilan y defienden nuestras vidas y nuestro merecido descanso.» Esta explicación mezcla la seguridad, la represión, el espionaje y los grupos de élite de las diversas policías.

FUNCIONARIO/A: Policía, madero. En ese intento de acercamiento al ciudadano en que están empeñados los responsables policiales y los políticos, tiene un lugar preferente el uso de palabras que alejen de nuestra memoria colectiva la animadversión racional que sentimos por la ley y el orden (ya sé que no a todos, pero a algunos nos pasa).

INSTITUTO ARMADO: Guardia civil, policía, algunos colegios, también. Resulta alarmante que un gran número de niños acuden a sus colegios en posesión de todo tipo de armas; aunque este problema no es tan grande en España como en otros países (en los Estados Unidos, por ejemplo, se han instalado detectores de metales en la mayor parte de los centros de enseñanza), empieza a crecer la preocupación por este hecho.

INTELIGENCIA: Espionaje. Aunque no esté demostrado que todos los espías sean inteligentes.

INTELIGENCIA ANALÍTICA: Actitud exigible a los policías y que requiere un nivel de concentración y entrega que la mayoría nunca alcanza. Sherlock Holmes la tenía.

INTERIOR: Ministerio del Interior. Llamar así al negociado que se ocupa de todos los asuntos policiales es más que un simple eufemismo.

LUCHADOR/A (HÉROE) DE LAS SOMBRAS: Espía. Sólo al KGB y a los chochos miembros del Politburó soviético se les podía ocurrir semejante expresión. El gusto por el vodka debió ayudar lo suyo.

MANEJO DEL LENGUAJE: «¡A ver, los carneses!»

Mano fuerte: 1. Policía, madero. Hasta hace muy poco, se tenía la impresión de que todos los policías eran desertores del arado y que, por esa razón, gozaban de unas enormes manazas, tan grandes que los días de gala, al no haber guantes blancos de tales tallas, tenían que encalarles las manos. 2. Torturador. 3. Dictador, tirano. A veces se sigue oyendo el repugnante eco que dice: «Aquí lo que hace falta es mano dura.»

Operación policial: 1. Redada, apresamiento, captura. 2. Control. Cada vez que la pasma se decide a hacer una redada suele confiscar doscientos gramos de jachís, siete papelinas de coca muy cortada y doce anfetaminas; además, detiene a tres prostitutas a las que los años y el peso les impiden correr y a uno que pasaba por allí. Con este caudal, «operación policial» es lo más moderado que se puede decir.

Pauta de reacción: 1. Instinto, reflejo, naturaleza. 2. Intuición, penetración. Sacar el arma antes que el adversario, golpear primero, llamar a los bomberos si se detecta humo o huele a quemado.

Policía de proximidad: Con lo bonito que queda «policía de barrio».

Rapidez de respuesta motora: Sacar el arma a tiempo y no darle un tiro a uno que pasaba por allí.

RESERVADO/A: 1. Confidencial. 2. Entre los cuerpos de seguridad del Estado, espía.

SENTIDO DE LA AUTORIDAD: «¡Porque lo mando yo!»

SENTIDO DE LA DISCIPLINA: Disposición para la obediencia. Hacer lo que le manden a uno sin preguntar y sin pararse a pensar si está bien o mal. Así, se cumple la voluntad de quien manda y no parece tan degradante.

SERVICIO DE INFORMACIÓN: Organización oficial (no siempre) y estatal (tampoco) cuya actividad principal es el espionaje.

empieza la faena

ACATANTE: El que hace sólo lo que la empresa ve con buenos ojos. Otro que obedece sin rechistar.

AGUINALDO: Limosna. Con este eufemismo, las grandes empresas quedan bien con sus operarios.

ASALARIADO/A: Obrero, jornalero, proletario, trabajador. En los años sesenta, antes que «obrero» cualquier voz era buena para aludir al trabajo por cuenta ajena. Después, todos se dieron cuenta de que ser «obrero» resultaba tan digno y gratificante como cualquier otra ocupación laboral.

AUSENCIA LABORAL: Escaquearse. Eludir las obligaciones. ¿Qué cree que están haciendo todas esas personas que, en sus coches, pasean por el centro de la ciudad, a horas de trabajo, provocando atascos y polución?

CESADO/A: Despedido, pero educadamente. Hay quienes sólo son importantes en el momento del cese; presumen de haber sido cesados y no despedidos, y así, familiares y amigos empiezan a tener un concepto más elevado del trabajo desempeñado hasta el momento por el dilapidado.

CESAR: Dejar de desempeñar empleo o cargo sin que se haga por voluntad propia.

CESE CONSENSUADO: Despido. Acuerdo al que se llega para que el cesante, o cesado, sufra el menor perjuicio económico y profesional.

CONFLICTO COLECTIVO: Huelga. Desprestigiada por las molestias que ocasiona a los ciudadanos, lo cierto es que la huelga es el último instrumento de defensa que le queda a la clase trabajadora.

CONTRATO BLINDADO: El blindaje consiste en una cláusula por la que el contratado, en caso de rescisión de contrato, recibe una cifra fabulosa. A veces es la parte contratante la que se cura en salud.

CONTRATO LEONINO: Contrato oneroso (también podría ser blindado) con pactos y condiciones de carácter despótico que sólo beneficia a una de las partes.

DEPUESTO/A: Destituido, cesado, expulsado. Cada día se hace más larga la lista de directores generales del cese y ministros del olvido. Nosotros a lo nuestro.

DESTITUCIÓN: Despido, cese. Los funcionarios creen que nunca van a ser despedidos, que sólo pueden ser destituidos. ¿Que por qué? No lo sé, pregúnteselo a ellos. Pero lo cierto es que esa acción se convierte en la pesadilla del funcionario.

DESVENTAJA LABORAL: 1. Paro. 2. Jubilación. 3. Despido.

DIMISIÓN: Última salida honorable que le queda al que van a echar.

DIMISIÓN IRREVOCABLE: La misma salida, pero con la apariencia de que el dimisionario se adelanta a la patada en el culo.

DIMISIONARIO/A (DIMITENTE): Ministro, banquero, político, director general, directora del Ente, vicepresidente, portavoz, entrenador de equipo de fútbol...

DIMITIR: Abandonar aparentemente de forma voluntaria el empleo o cargo, o sea: decir que uno se va porque quiere, cuando en realidad le echan aunque no quiera.

DISPENSABLE: 1. Jubilado, retirado, apartado. 2. Eximido de obligaciones.

DISPENSAR: Jubilar a una persona por razón de vejez o imposibilidad, o simplemente por su edad o por decrepitud, del trabajo que practicaba.

EMPLEADO/A PÚBLICO: Funcionario, burócrata, numerario. En realidad muchos utilizan esta expresión para evitar decir «barrendero» o «basurero», alimentando así el clasismo laboral y desprestigiando labores tan dignas como mantener limpias nuestras casas, calles y plazas.

EVALUACIÓN: Examen, prueba. Los nervios se controlan mejor si se hace una «evaluación» en vez de un «examen».

INGENIERO DE CAÑERÍA HUECA: Fontanero, junatigres. Un amigo mío «fonta» dice que esta locución le exime de tener que explicar por qué tiene un cochazo y, además, colecciona obras de arte. Ingenioso, el Cuti.

MENESTRAL: Obrero, currito. Es del latín *menesterial* y, aunque se refiere al que tiene un oficio mecánico, se hace extensivo al resto de fatigadores.

OPERARIO/A: Obrero, currito, fatigador. Entre «obrero» y «operario» hay la misma diferencia que entre «trabajador respetado» y «trabajador maltratado».

PASIVO/A: 1. Jubilado, retirado. 2. Impotente, frígida. 3. Cómplice mudo de los atentados terroristas que asolan este país.

PENSIONADO/A (PENSIONISTA): Retirado, jubilado. En épocas electorales se invoca al pensionista para exorcizar cualquier atisbo de desclasamiento del partido que solicita su voto, presentándole no como un jubilado y una carga social, sino como un elemento necesario para el desarrollo del concepto social de una nación, que es lo que realmente son, y no sólo en época electoral.

PRESTACIÓN PERSONAL: 1. Trabajo, esfuerzo. 2. Favor, valimiento, influencia. 3. Prostitución.

PRODUCTOR/A: 1. Obrero. 2. En el mundillo de la farándula algunas artistas llaman «productor» al que les da algo de trabajo a cambio de favores sexuales.

QUEBRANTO PRODUCIDO EN LOS INTERESES DEL TRABAJADOR: 1. Paro. 2. Retiro. 3. Cese, despido. Políticamente correcto, pero al paro.

REAJUSTE DE PLANTILLA: Despido. Si se habla de «reajuste» en vez de «despido», se evita la alarma entre los empleados y se negocia más fácilmente con los sindicatos.

REGULACIÓN DE EMPLEO: Despido masivo. Este sistema permite deshacerse de los obreros, primero por temporadas, para más tarde jubilarles o despedirles anticipadamente.

«doctor, me duele aquí»

ACHACOSO/A: Enfermo, malsano. Pero propio de una edad avanzada. Parece mejor y más llevadero estar «achacoso» que «a punto de palmarla».

ACHAQUE: Enfermedad, dolencia, mal. Lo que le dicen los médicos a sus pacientes de más edad para que no se preocupen demasiado.

ATRASADO/A: Disminuido psíquico, subnormal. Tener un hijo atrasado resulta menos doloroso, en apariencia.

ATRASO: 1. Tara mental. 2. Ignorancia, analfabetismo, incultura. Cuando en un país el atraso es endémico, los gobernantes, casi siempre culpables y responsables de esa lacra social, se refieren a él quitándole importancia y exaltando los otros valores que para los mandatarios tiene el castigado país: «Reserva espiritual de Occidente», ¿recuerdan?

BALDADO/A: Lisiado, tullido, inválido, mutilado. Dicho así, parece algo temporal.

BULTO SIN IMPORTANCIA: Tumor. La espera del diagnóstico después de los análisis se eterniza y suele costar algunas canas.

CHALADO/A: Loco del todo.

CLIENTE: Entre los médicos de las enfermedades psíquicas se denomina así al paciente.

CONTRAHECHO/A: Jorobeta, jiboso, chepa. Para no decir «malhecho», se dice «contrahecho» y así la culpa no es de los padres.

CONVULSIÓN EMÉTICA: 1. Náusea, arcada. Los médicos y su rollo. 2. Aversión, repulsa, repugnancia, animosidad, inquina.

DÉBIL: 1. Enfermo, enclenque, canijo. 2. Calzonazos. 3. Cornudo. La debilidad tiene cura, en cambio hay quien cree que los cuernos son para toda la vida.

DELIMITACIÓN DE PERSONALIDAD: Esquizofrenia. Si en un informe médico aparece esta locución, la familia y el enfermo se quedan como muy tranquilos.

DESEQUILIBRADO/A: Loco, demente. La falta de sensatez y cordura se aminora como un simple desequilibrio producido por una circunstancia o un hecho concretos. A veces el diagnóstico, y el eufemismo, confunden tanto que se permite a un psicópata la total libertad de movimiento y decisión.

DESEQUILIBRIO: Chifladura, vesania, locura. Finalmente es el letrado de la defensa el que utiliza este término para intentar convencer al tribunal de que el psicópata no lo es tanto y con un poco de comprensión y cariño volverá a ser una persona estupenda.

DIFICULTAD EMOCIONAL: 1. Paranoia. 2. Irascibilidad.

DIFICULTAD FÍSICA: 1. Minusvalía. 2. Vagancia, inacción, holgazanería. En el primer caso se supera; la vaguería es otro cantar.

DIFICULTAD PSÍQUICA: Enfermedad mental.

DISCAPACITADO/A: Subnormal. Término que ha ayudado a padres, familiares y, por supuesto, a las personas afectadas.

ENFERMO MENTAL: Loco, zumbado, demente.

ESTERILIZAR: Castrar, capar. La vasectomía, uno de los mejores sistemas, por inocuo, para evitar embarazos no deseados, no termina de arraigar entre la población masculina, pues se siente que, de alguna manera, uno está siendo castrado.

EXPELER LOS EXCREMENTOS: Cagar. Los médicos, empeñados en no llamar nunca a las cosas por su nombre, hacen que un acto tan necesario como natural parezca una tesina de Biología.

FALTA DE DESARROLLO: 1. Atrofia, distrofia, raquitismo. 2. Subdesarrollo, atraso, incultura. 3. Pobreza.

FALTO/A DE JUICIO: Loco, lunático, vesánico, majareta, mochales.

HUNDIMIENTO EMOCIONAL: Depresión. Estar deprimido es una vulgaridad; en cambio, un «hundimiento emocional» da carácter al que lo padece y le sitúa en la órbita de la gente importante.

IMPEDIDO/A: Paralítico, inválido. Lo que más impide que estos ciudadanos se sientan cómodos con su situación es el abandono y la falta de consideración que los distintos gobiernos, central, autonómicos, locales, tienen con respecto a las características urbanas de nuestras ciudades: hay aceras en las que, para bajarlas con el carrito de un niño, se necesitan dos personas; y en otras hay que hacer *puenting*.

IMPERFECTO/A: 1. Deforme. 2. Minusválido. 3. Feo feísimo.

IMPOSIBILIDAD: Minusvalía física o psíquica.

IMPOSIBILITADO/A: Minusválido físico o psíquico.

INCAPACIDAD: Minusvalía. El mundo está lleno de incapacitados que gobiernan y toman decisiones, crean y trabajan... Entendiendo el término en sentido no peyorativo, dice mucho en favor de aquellas personas que superan su propio destino. En sentido peyorativo, dice muy poco de los incapaces que se creen mejores y capaces de todo.

INCAPACIDAD FÍSICA: Minusvalía.

INCAPACIDAD INTELECTUAL: Minusvalía psíquica. Cerrazón. La incapacidad para comprender algo por ignorancia o prejuicio es la obstinación más desafortunada.

INCAPACITADO/A FÍSICO: Minusválido, disminuido físico.

INCAPACITADO/A INTELECTUAL: 1. Subnormal, disminuido psíquico. 2. Zoquete, zopenco. Hay personas que ven un libro y preguntan dónde se enchufa; cuando se les explica que ya hay libros electrónicos apagan la luz.

INCAPACITADO/A MENTAL: Subnormal.

INCAPAZ: 1. Minusválido físico o psíquico. 2. Frígido, frígida. La naturaleza castiga a diestro y siniestro.

INESTABILIDAD EMOCIONAL: Refinada definición de la neurosis corriente.

INSTITUCIÓN MENTAL: Manicomio. A pesar de todo, estos lugares están desapareciendo, más porque son insostenibles que porque no sean necesarios.

MEDIO LOCO/A: Loco del todo, pero dicho lo más correctamente posible.

Molesto (o algo molesto): Eufemismo favorito de las enfermeras para referirse a algo dolorosísimo.

Paciente mental: Loco, chalado, zumbado, perturbado.

Perturbado/a: Loco, zumbado, demente. Suena a parte meteorológico, pero es pura locura.

Privado/a de razón: Perturbado, insano, vesánico, disparatado, loco.

Profilaxis: 1. Preservación de la enfermedad. 2. Limpieza, aseo. 3. Utilización del condón durante el acto sexual.

Pupa: Herida. Tumor purulento y voluminoso. Dicho por un bebé suena aún mejor.

Retrasado/a: Disminuido psíquico.

Retraso: Tara psíquica. La esperanza de encontrar el camino de la recuperación de la persona afectada, al menos en parte, encuentra en esta voz un ancla a la que aferrarse.

Rinoplastia: Lo que dicen que se han hecho aquellos que se han restaurado la nariz, para que suene más a enfermedad que a capricho.

Un minuto: Siempre son diez. Y en el caso de que sea un médico quien lo dice, refiriéndose a una intervención, por pequeña que ésta sea, échese a temblar.

si la muerte pisa mi huerto...

AGONIZANTE: Moribundo. Familiar o amigo querido que se está extinguiendo y al que, usando palabras amables, parece que se le profesa un mayor respeto; y, además, suena más solemne.

AGONIZAR: Extinguirse, expirar, perecer. Es mejor agonizar que morirse; suena a que de lo uno se puede volver, en cambio de lo otro ni vuelves ni te escapas. Qué risa.

ANUNCIO DE ÓBITO: Esquela mortuoria. Desde que los cadáveres son trasladados, normalmente, a los tanatorios, las esquelas ya sólo se ven en los periódicos; antes se colocaban en todas partes, incluyendo lugares a los que teníamos acceso los más pequeños, llenando, de esta forma, de dudas y temores nuestras noches.

CASCAR: Morir. Decirlo así resulta más agradable cuando se trata de uno mismo.

CASCARLA: 1. Morirse con un cierto gustito. 2. Masturbar. Así expresado, parece un trabajo manual regulado por convenio colectivo.

DE CUERPO PRESENTE: Muerto, fiambre, cadáver. Es como si, al estar vivo, lo que tuvieras presente fuera el espíritu. Qué contradicción.

DECESO: 1. Muerte, fallecimiento. Otra magnífica forma de decir «muerte» sin que nadie se estremezca. En este caso la etimología latina resulta explícita: *decedere,* «alejarse». 2. Destrucción. 3. Homicidio.

DIFUNTO/A: Cadáver, muerto. Después de muerto, a la familia le suena mejor, pero el difunto, muerto está.

EL OTRO BARRIO: La jodida nada. Aunque, dicho así, parece que esté aquí al lado.

ESQUELA: Aviso de muerte. Anuncio que se hace del óbito de un ser querido: definición eufemística al cien por cien; como todo lo que rodea a la muerte.

EXPIRACIÓN: Muerte, fallecimiento. Todo lo relativo a la palmatoria suena mejor o peor, dependiendo de lo cerca que se esté de ella.

EXPIRAR: Palmarla, morir. Se acabó el plazo.

EXTINTO/A: Muerto, fallecido, difunto. Palabra que sirve para edulcorar la situación del sujeto, pero que no varía, ni un ápice, su estado.

FIAMBRE: Muerto, finado, extinto, matado, cadáver. Por lo frío que se queda el difunto.

IRSE AL OTRO BARRIO: Palmar, doblar, fallecer, morirse, desaparecer. Pero como si se pudiese volver en metro.

LIBERAR EL ALMA: 1. Morir. 2. Matar, asesinar, dar matarile. No hay forma más hermosa de expresarlo; conceder la libertad a un alma que necesita regenerarse, buscar otro yo; en definitiva: hacer un favor a la sustancia cambiándola de aires.

TANATORIO: Sólo una *s* separa al lugar de los muertos del lugar donde sanan los vivos.

«¡puedo prometer y prometo...!»

ABSOLUTISMO: Dictadura, tiranía, opresión. Aunque pueda parecer increíble, con esta palabra se intentaba dar carácter político a múltiples desmanes.

ABSOLUTISTA: Dictador, tirano. Inaceptable políticamente.

ACÓLITO MEDIÁTICO: Satélite informativo que gira alrededor del dictado que impone el Gobierno.

ADVERSARIO/A: Enemigo. De uso común entre políticos que no saben, no quieren y no pueden contener su odio.

AGRESIÓN: 1. Invasión. Resulta curioso que las grandes potencias, cuando quieren invadir, o invaden, otro país, siempre responden a una agresión. 2. Atraco, asalto con violencia. 3. Violación.

AGRESIVIDAD: Algunos gobiernos usan este eufemismo para referirse a los modos autoritarios con los que ejercen el poder.

AGRESOR: País pobre y pequeño cuya línea ideológica, o política, no coincide con la potencia dominante en su área geográfica.

AISLACIONISMO: Política basada en el apartamiento o alejamiento de los asuntos, acuerdos o actividades del ámbito internacional. España tiene una larga experiencia en este tema.

ALARMA SOCIAL: Pánico, espanto, pavor, canguelo, jindama. Producida, por ejemplo, por el posible nombramiento de un fiscal que perteneció a los Tribunales de Orden Público franquistas; por la libertad prematura de violadores, asesinos patológicos y golpistas que no muestran el más mínimo indicio de arrepentimiento; por la libertad sin cargos de corruptos sin escrúpulos; por la caída de la peseta en los mercados internacionales; por la publicación de escándalos y conductas execrables un día sí y otro también; y, por fin, la alarma social se extiende en el momento en que los ciudadanos se dan cuenta de que están siendo tratados como imbéciles por aquellos en quienes han depositado su confianza para que les representen en todos los estamentos públicos.

ALTERAR EL ORDEN: Perturbar la convivencia social. Con esta definición se ocultaron, y se ocultan, incluso los pronunciamientos políticos.

ALTERNATIVA DE PODER: Oposición. Los grupos políticos con posibilidad de gobernar utilizan permanentemente esta expresión; lo gracioso es que la usan para convencernos de que sólo ellos podrían hacer algo positivo para nuestras vidas, cuando en realidad una alternativa de poder puede ser ofrecida por cualquiera; lo difícil es conseguir gobernabilidad y bienestar.

AMAESTRAR: Esclavizar ideológicamente. En política se puede dar el caso de que dos cargos de idéntica importancia e ideológicamente sometidos se comporten de manera opuesta: el uno come de la mano y el otro ladra y muerde sin parar.

AMENAZA: Para los comunistas, el capitalismo. Para los capitalistas, la socialización de los bienes.

APACIBLE: Sumiso, obediente, dócil. Como les gusta a los gobiernos que sean los medios de comunicación.

APEGO AL CARGO: Ambición desmedida. Algunos por el cargo y la poltrona han sido, y son, capaces de cambiar de chaqueta, de amistades, de peluquero y de ideología.

APLICAR LA OBLIGATORIEDAD DE NO HACER ALGO: Prohibir. Expresión que utiliza la derecha conservadora para disimular.

AUTÓCRATA: Lo utilizan los que quieren evitar decir «déspota», «dictador», «absolutista» o «tirano». Les pasa a muchos que connivieron con Franco y ahora van de buenos.

AUTORIDAD SUPERIOR: Dictador, déspota. El que esperaba Tejero.

AVENIRSE: Replegarse ideológicamente. En nombre del interés general, hay quien da volteretas en el aire para ponerse marcha atrás.

CAVERNA: 1. Dictadura. 2. Fundamentalismo, integrismo. En países como Irán llevan tiempo en la caverna; en otros, como Argel, están haciendo lo posible por meterles.

CAVERNÍCOLA: 1. Fascista, dictador. 2 Racista. 3. Fundamentalista.

CLIMA DE TRANQUILIDAD: Estado de las cosas que produce sopor. Las televisiones públicas y privadas, los portavoces del Gobierno y los tertulianos afectados de expresmatorrea se esfuerzan denodadamente para que nunca se dé esa situación.

COMPONENDA: Chanchullo, trampa. Arreglo político en virtud del cual puede gobernar alguien que no tiene la mayoría suficiente para hacerlo.

COMPORTAMIENTO POLÍTICAMENTE CORRECTO: Si

se usa el coche oficial para asuntos personales hay que hacerlo de la forma más discreta posible.

CONCIERTO SOCIAL: Intento de armonizar las diversas ideas para provocar un estado lo más próximo al del bienestar.

CONFLICTO: Combate, choque, antagonismo. Llamar «conflicto» a una guerra es reducir las cosas a una pelea entre vecinos. No parece que se pueda creer que lo de Vietnam, por poner un ejemplo, fue una simple riña.

CONFLICTO ARMADO: Expresión cínica con la que los medios de comunicación tratan de enviar mensajes manipulados con respecto a guerras cruentísimas en lugares que no tienen la menor importancia política o estratégica; o todo lo contrario.

CONMOCIÓN: Levantamiento, golpe de Estado. La perturbación violenta del ánimo de los ciudadanos se reduce usando esta palabra.

CONTROL: 1. Dominio, mando, poder. 2. Propiedad, posesión. 3. Capacidad sexual para aguantar toda clase de envites durante el coito, más allá del tiempo que resulta humanamente resistible.

CONVENIENTE: Desde el punto de vista de los políticos, las cosas y las personas resultan convenientes, o no. En realidad alude a si una persona, o una actitud, es deseable o indeseable. Así, es conveniente una cara en televisión cuando su ideología está ligada, de alguna manera, al que manda. Sería injusto no resaltar que unos aplican este concepto de forma más salvaje y reaccionaria que otros.

COSMÉTICA: Muy en boga, se usa esta palabra para hablar de tapujos y engaños en el mundo de la política y los negocios.

COYUNTURA POLÍTICA: Según el diccionario de la RAE, «combinación de factores y circunstancias que, para la decisión de un asunto importante, se presenta en una nación». Término muy utilizado durante la dictadura y que, sin duda alguna, significaba algo bien distinto: aprovechar la oportunidad o la ocasión para distraer al pueblo de lo que en realidad estaba pasando.

CRISIS DE GOBIERNO: Al resultar que «crisis» es sinónimo de «mutación», cuando un Gobierno entra en ese estado, realmente no cambia a los ministros: los transforma.

CRISPACIÓN: Estado natural de la política en nuestro país.

DÉFICIT DEMOCRÁTICO: Autarquía. Enfermedad grave que padecen algunos políticos y que, al ser un tanto «inconveniente», enmascaran dándoselas de demócratas de toda la vida. Afortunadamente, esta dolencia deja secuelas que la hace distinguible.

DEPURAR: Eliminar de todo cargo público o así, en emisoras de radio, televisiones, ministerios, direcciones generales, etcétera, a todos aquellos que se hayan mostrado desafectos al régimen.

DEPURADO/A: Fernando G. Delgado, Félix Grande, Adolfo Marsillach, Nuria Ribó, Mª Antonia Iglesias, Ramón Colom, Miguel Ángel Aguilar y un servidor, entre otros muchos. Antes la lista habría sido otra; mañana, irremediablemente, volverá a cambiar. Mal rollo.

DESACIERTO: Despropósito, desatino, insensatez. Jamás un político se refiere a su ineptitud utilizando alguna de estas tres acepciones de desacierto.

DESACUERDO: Cisma, rompimiento. A los portavoces del Gobierno les encanta esta palabra; están convencidos de que su utilización ayuda a crear un clima de tranquilidad.

DESAFECTO AL RÉGIMEN: En tiempos, rojo; al día de hoy, los que no son del PP.

DESCONCIERTO GUBERNAMENTAL: 1. Caos, desbarajuste, desgobierno. 2. Lanzamiento de globos sonda. 3. Un paso adelante, cinco hacia atrás.

DESORDEN: Asonada, motín. Las noticias en los países con regímenes dictatoriales siempre hablan de «desórdenes» cuando, en realidad, lo que está sucediendo es una revolución o un amotinamiento del pueblo.

DESVENTAJA POLÍTICA: Dictadura, absolutismo, tiranía. Cualquier cosa que no sea democracia.

DISIDENTE: Traidor, felón, desleal. Aunque a veces el disidente lo que hace es huir de un país o de una ideología que desprecia los derechos del ser humano.

DOCUMENTO INTIMIDATORIO: Multa, sanción, escarmiento, castigo.

DOMINIO: Tiranía, opresión. Se puede dominar el juego del ajedrez o el parchís acuático, pero para dominar a un ser humano hay que oprimirle y reducirle a mero lacayo sin voz ni voto.

DUEÑO: 1. Cacique, déspota, tirano. 2. Politicastro.

EL QUE CORTA EL BACALAO: 1. Jefe, amo. 2. Presidente de Gobierno, mandatario. A ver quién le quita el cuchillo de la mano.

ENCARNADO/A: Palabra que sustituyó a «rojo» durante los primeros años del franquismo; incluso al final de la dictadura había quien no pronunciaba tan diabólico vocablo. Este disparate llenó las librerías de cuentos de una tal «Caperucita Encarnada».

ESCENARIO FILOCOMUNISTA: Tablado montado en torno a la ideología que preconiza la socialización de los bienes. Esta expresión suelen utilizarla los neoliberales, de forma peyorativa.

ESCISIÓN: Desacuerdo, rompimiento, discordia, cisma.

ESTADO DEL BIENESTAR: Utopía por la cual se nos trata de convencer de que se puede vivir con salud, abundancia, prosperidad, riqueza, comodidad y holgura.

EXTRAÑAR: Desterrar, expulsar, exiliar. Un «extraño» es alguien a quien no tenemos el gusto o el disgusto de conocer, así no se le echa tanto de menos.

FUERZAS HOSTILES AL GOBIERNO: Revolucionarios, guerrilleros. Cambiamos a la víctima por el verdugo, o viceversa.

GUERRA SUCIA: Hipócrita eufemismo que alude a actividades criminales revistiéndolas con terminología militar con el propósito de que tal infamia sea perdonada y, así, acogerse a la protección «ennoblecedora» del móvil por el que se actúa.

HABILIDAD POLÍTICA: Capacidad, maestría, pericia, destreza para prometer y no cumplir.

HALAGO DE LA PLEBE: Demagogia, jacobinismo. Como hacer la pelota, trepar o comer nabos.

ILUSIONAR: Engañar. Poder sobrenatural que poseen muchos farsantes dedicados a la política.

ILUSIVO/A: 1. Candidato político. 2. Engañoso, quimérico. Los reyes de la ensoñación y los anhelos, a veces, nos hacen el truco cambiado.

ILUSO/A: 1. Votante. 2. Engañado, seducido. El poder de convicción de los políticos en campaña es proporcional al desengaño de los votantes.

ILUSORIO: Programa electoral. Conjunto de intenciones dotadas del poder mágico de desaparecer una vez que el candidato ha conseguido su objetivo.

ILUSORIO/A: Engañoso, fingido, falso. Cuanto más crédula y bondadosa sea la víctima, mayor será el embeleco.

IMPERATIVO/A: Autoritario, absolutista, despótico. Y eso que suena noble.

INCLINADO/A: Partidario, secuaz, prosélito, adicto. Posiblemente la intención de esta voz es recordar lo incómodo que se está bajando la cabeza ante un semejante, por muy poderoso que éste sea.

INFLUENCIA DEL FUNCIONARIADO: Burocracia. Dependiendo de su influencia en los negocios del Estado, la burocracia es más o menos flexible.

INTERÉS GENERAL: El interés de unos pocos se oculta tras lo que debiera ser el motor de cualquier movimiento político, económico o moral. En nombre del interés general se legisla, se ordena, se manda y se publica en el *BOE* pensando en el interés personal. El interés general busca una meta: el bienestar social, o el Estado del bienestar, que lo mismo da; pero ya se sabe que enmascarados en cruzadas tan nobles siempre aparecen lobos dispuestos a devorar a las ovejas.

LIMPIEZA ÉTNICA: Genocidio. Expresión que oculta el horror y la vergüenza de las prácticas de algunos políticos.

MANIOBRA: Maquinación maquiavélica en la que suelen estar implicados, cómo no, políticos y banqueros.

MANO DURA: 1. Dictadura, tiranía, absolutismo, represión. 2. Maltrato, tortura. Siempre la piden los mismos, aquellos que creen que ellos no la necesitan; es decir, se pide para los demás.

MAQUINACIÓN: Maniobra, intriga, asechanza, complot o conjura política y/o económica.

MAQUINAR: Urdir intrigas y/o confabulaciones con fines políticos o económicos deshonestos.

MARIONETA: Término que resulta eufemístico en el mundo de la política: fantoche, títere movido por medio de hilos, viene a significar lo mismo que bailar al son que le tocan.

MEMORIA HISTÓRICA: Detrás de esta expresión se ocultan la vergüenza, la tristeza y la rabia que produce el olvido político de las tropelías de aquellos que, en algún momento, formaron parte de gobiernos totalitarios y que, hoy, presumen de «demócratas de toda la vida».

MENEAR: Gobernar. Tendrá que ver con la fea costumbre que tienen los que gobiernan de meter la mano donde no deben.

MENOSCABO DEL PUEBLO: 1. Tiranía, autocracia, yugo, dominación, opresión. 2. Golpe de Estado. 3. Invasión, ocupación, intrusión.

MORAL POLÍTICAMENTE CORRECTA: Decir no al aborto y mandar a las niñas a abortar a Londres; después, confesar y comulgar.

NO SABER LA MANO DERECHA DÓNDE ESTÁ LA IZQUIERDA: En algunos estamentos del Estado, partidos políticos y grandes empresas, como consecuencia de la elección de cargos desde distintas instancias de poder, ocurre que, a veces, unos hacen lo que otros han dicho que no se debe hacer, y éstos, a su vez, desmienten lo que aquéllos dijeron que se tenía que hacer. Esto es malo, pero lo peor es cuando una dotación de la Policía Autónoma Vasca y otra de la Guardia Civil, ambas camufladas, la emprenden a tiros entre sí por no saber nadie dónde estaba cada mano.

NOTA INFORMATIVA: Amenaza. Si además la nota incluye plazos para contestarla, la amenaza se torna en hechos y, al cabo, aparece un documento intimidatorio que anuncia una deuda contraída con el Estado, con la Hacienda Pública, o con el Ayuntamiento.

POLÍTICAMENTE CONVENIENTE: Aquello que resulta del agrado del poder.

POLÍTICAMENTE CORRECTO: Una de las seis acepciones de «política» se refiere a cortesía y buen modo; por esa razón, no sería necesario añadir el adjetivo; pero tal y como se desarrollan las cosas en el ámbito de la política, se ha hecho necesario que el comportamiento, el lenguaje y las actividades en la sociedad actual sigan un patrón que no ofenda y no resulte obsceno o despreciable; esto ha motivado lo «políticamente correcto», que es como decir que el agua está mojada.

POLÍTICAMENTE INCONVENIENTE: Todo lo demás.

PRISIÓN PROVISIONAL ELUDIBLE (MEDIANTE FIANZA): Libertad provisional bajo fianza. Aunque desde un punto de vista práctico pudiera parecer que son cosas distintas, lo cierto es que esta locución ha circulado mucho en los últimos tiempos con el único fin de justificar el comportamiento canallesco, infame, antidemocrático y vergonzoso de algún que otro juez, con inclinaciones partidistas, o vendetas personales pendientes, que ha sometido a un juicio social a personas a las que se les ha sustraído su derecho a la presunción de inocencia, creando así un ambiente desfavorable que perjudica, claramente, al prestigio de estos ciudadanos y predispone a sus congéneres contra ellos.

PROTEGIDO/A: 1. Afecto al régimen. 2. Prostituta. 3. El que paga «protección» a la mafia, a los terroristas o a simples delincuentes.

REAJUSTE MINISTERIAL: Cambio de ministro y/o altos cargos. A pesar de lo reticentes que son los gobernantes a introducir cambios en sus ejecutivos antes de que se cumpla la legislatura, lo cierto es que cuando lo hacen utilizan este eufemismo: ajustar de nuevo, por el interés general, lo que ya se hizo bien pero ahora se va a hacer mejor. ¡Qué morro!

REFORMA: En eso estamos desde los Reyes Católicos.

RÉGIMEN ANTERIOR: En España: dictadura.

RETRÓGRADO/A: Partidario de instituciones políticas o sociales propias de tiempos pasados. En latín, *retrogradus* significa «que anda hacia atrás», que es como caminan, aún, muchos políticos.

RIVAL: Político de la oposición.

RIVALIDAD: Oposición política en la que vale todo.
RIVALIZAR: Cuando la oposición y el Gobierno utilizan artillería pesada para denostarse mutuamente.
RUIDO DE SABLES: Llevaban sonando desde el año 80 y, aunque en enero y en febrero del 81 el ruido era ensordecedor, nada se hizo para evitar que un vesánico troglodita tomase el Congreso al vernáculo grito de: «¡Al suelo, coño!»
SICALIPSIS: Aberración sexual, malicia sexual, lujuria, desenfreno. Estado en el que se encuentra el borracho de poder: jodiendo todo lo que puede.
SOCIALIZACIÓN DE LOS BIENES: Comunismo. La doctrina formulada por Marx y Engels, desarrollada e incluso llevada a la práctica más tarde por Lenin, que propugnaba la lucha de clases regida por el materialismo histórico o dialéctico y que conduciría, tras la dictadura del proletariado, a una sociedad sin clases ni propiedad privada de los medios de producción junto a la desaparición del Estado, se ha quedado en un recuerdo de la vida —y las condiciones de vida, penosas— que tuvieron que soportar un gran número de países por culpa de unos gobiernos en los que la corrupción pudo más que el ideario. Lamentable.

Transfigurable: Tránsfuga político, el que cambia de chaqueta. El tránsfuga se refugia en el glorioso estado en que Jesucristo se mostró ante Moisés y Elías en el monte Tabor, ante la presencia de sus discípulos Pedro, Juan y Santiago; y así su conciencia queda tranquila; tranquilísima, en realidad.

Troglodita: Vicepresidente primero del Gobierno del Partido Popular desde el 3 de marzo de 1996 hasta que Dios (J. Pujol) o las urnas lo remedien. Obviamente no es el único que merece esta denominación; la lista no cabría en ningún libro normal, pero creo, sinceramente, que es un ejemplo difícil de mejorar. Aunque parezca mentira, es un eufemismo, ya que, tratándose de quien se trata, los adjetivos que se le podrían aplicar serían, además de interminables, ofensivos, y nada más lejos de mi intención que resultar irreverente o desafecto. ¿Vale?

Tropiezo: ¡Ay, me equivoqué de director general!

Ultra: Facha, fascista. Lo deseable sería que esta palabra no pudiese aplicarse a nadie.

Yugo: 1. Dictadura, tiranía, dominio. 2. Matrimonio. En ambos casos es hasta que la muerte lo remedie.

y si nos acostamos...

ABSTINENCIA: Celibato. No siempre es voluntario.

ABSTINENTE: Célibe. Casi siempre, contra su voluntad.

ACOSO: Persecución sexual. Ciertas mujeres, en algunas sociedades, ven acoso hasta en: «¡Qué guapa está usted esta mañana!»

ACOSTARSE: Fornicar, meter, quilar. Cuando alguien pregunta «¿Qué tal si nos acostamos?», nadie piensa en dormir.

ACTO: Coito, cópula. Excesivamente decoroso para provocar.

AFEMINADO: El idioma políticamente correcto descarga de una supuesta responsabilidad al homosexual y culpa al lado femenino del sentimiento del sujeto.

AFICIÓN: Onanismo, gusto por la masturbación. El deporte que más adeptos tiene.

AGOTADO/A: Impotente. Frígida. Igual resulta que lo del cupo es cierto: cuando nacemos nos dan una cartilla de racionamiento sexual y cuando se agota...

AGUANTARSE: Reprimirse sexualmente. Controlar el orgasmo.

ALOCADO: Homosexual, sarasa, julandrón, mariquita. Un ligero trastorno mental, y así el chaval es dispensado por los bien pensantes.

ALTERNE: 1. Prostitución. 2. Ludopatía. 3. Alcoholismo. Sin exagerar: cachondeo puro.

AMA: En el mundo sadomasoquista, la que manda, la dueña, la que golpea, la que infiere el dolor al esclavo.

AMIGA/O: Amante, querida. «Sólo somos buenos amigos.» «¿Sí?, y ¿qué hacéis aquí los dos, solos, sin ropa y con la luz tan tenue?» «Es que nuestra amistad no tiene límite.»

AMIGUITO/A: También amante, pero dicho con mala follá, o cuando la persona afectada se refiere a él, o a ella.

AMOROSO/A: Salido. En celo. Comportamiento habitual de algunos hombres y mujeres, en algunos países de Centroamérica y Sudamérica, con el fin último de engatusar a algún incauto y caliente europeo que, a la postre, será quien le saque de la miseria.

ANIMARSE: 1. Empalmarse, tener una erección. 2. Humedecerse. Disponerse sexualmente.

APAREARSE: Fornicar. No hay un solo programa de naturaleza en el que se diga que los animales fornican, follan o joden.

APEARSE A TIEMPO (EN MARCHA): Correrse fuera. Evitar que el semen se introduzca en la vagina durante el coito. Es un método anticonceptivo barato, eficaz, dependiendo de la capacidad de autocontrol, fácil de aplicar, no para todos, y, eso sí, algo frustrante.

APETENCIA SEXUAL: 1. Ganas de follar. 2. Calentón. Término ideal para usar en el confesionario y el sillón del psiquiatra.

APETITO SEXUAL: Lujuria. Si se piensa mucho, se hace la boca agua.

APETITOSO/A: Deseable sexualmente, y tan comestible como el mejor manjar.

APRETÓN: 1. Calentón, ganas imperiosas de follar. 2. Retortijón; las mismas ganas, pero esta vez de evacuar el vientre.

ARDER: Consumirse sexualmente; literalmente, hay partes del cuerpo que se queman.

ARMARSE: Tener una erección, empalmarse. Hay que estar bien dispuesto para la guerra.

AYUNTAMIENTO: Coito, polvo, cópula. Debe ser por lo que joden a los vecinos: impuestos, grúa, chirimbolos, obras, multas, destrozos arqueológicos, tráfico... ¡y qué alcalde!

BENEFICIARSE: Joder, follar. En beneficio de todos, sexo seguro.

BESO NEGRO: Acción de besar y/o chupar el ano. No disponemos de datos solventes que expliquen por qué a este acto se le llama «beso negro». Podría ser, un suponer, el predominio del color oscuro en esta parte del cuerpo.

BLANDO: Afeminado, homosexual. Esos que dan la mano y parece que te han soltado un filete crudo.

BOLLERA: Lesbiana, tortillera. No tenemos información con respecto a la relación entre hacer bollos y tortillear.

BUSTO: Pecho de mujer, grande o pequeño. Los vendedores de ropa encuentran en este término un gran recurso para poder hablar con las señoras, y señoritas, de sus tetas, sin atragantarse.

CABALGAR: Follar, fornicar, joder. A veces es mucho más peligroso que montar a caballo.

CACHETE: 1. Nalga, cacha. 2. Hostia, bofetada, pescozón, puñetazo.

CALENTARSE: Ponerse cachondo, excitarse, romper a sudar, tener una erección o humedecerse, sentir que la libido te sube como un vapor etílico que todo lo embriaga, tener deseos lascivos, sentir una atracción incontrolable hacia la otra persona, pensar en sexo, sexo, sexo...

CALENTURA: Excitación sexual permanente que suele empezar a los catorce años y que la mayoría conserva hasta el lecho de muerte.

CALIENTE: 1. Salido. 2. Calientapollas. El uno las persigue sin medida; la otra te manda directamente al mundo de la frustración.

CALMANTE: Coito. Pocas cosas sedan más que un buen polvo.

CALOR: Excitación, calentura. «¿No tienes calor, cariño?» es una pregunta estupenda para hacerse una idea de por dónde pueden ir las cosas cuando no se tiene el asunto muy claro y bajo control.

CARNAL: Lujurioso, lúbrico, lascivo, sexual. Al fin y al cabo de eso se trata: morder, besar y chupar carne cruda..., quiero decir «viva», perdón.

CARNE: Tratamiento dado al hombre o mujer en el mundo de la prostitución; simple mercancía.

CASA DE CITAS: Prostíbulo, burdel, manflería. Ahora la mayoría son lonjas donde se adquiere la mercancía como en un mercado de abastos.

CASCÁRSELA: Masturbarse, pelarse el junco.

CASQUETE: Polvo, flis, coito. A veces, si decimos: «¿Echamos un casquete?», suena tan inocente que lo conseguimos.

CEPILLAR: 1. Follar. 2. Asesinar, dar mulé, matar. Al vello púbico se le llama familiarmente «cepillo»; si movemos un cepillo en cualquier dirección estamos cepillando, ¿no es así?

CHICO DE COMPAÑÍA: Puto, homosexual en alquiler, chapero.

CIRCUNCISIÓN FEMENINA: Mutilación genital femenina, ablación, extirpación del clítoris.

CLIENTE: 1. Putero, aficionado a la prostitución. 2. Paciente mental.

COHABITAR: 1. Liarse, fornicar, amancebarse, abarraganarse. 2. Comulgar los unos y los otros con ruedas de molino; en política —¿dónde si no?— también se cohabita.

COHIBIDO/A: Reprimido. Al celibato por la timidez.

COMPLACIDO/A: Tiene carácter eufemístico cuando se refiere a satisfacción sexual.

COMPLACIENTE: Permisivo, dúctil y obsequioso sexualmente.

COMPORTARSE: Satisfacer sexualmente. O te comportas tú, o lo hace otro.

CONSENTIDO: Cornudo. Sonará mejor, pero no le encuentro el sentido.

CONSENTIR: Acceder al acceso carnal. Dejarse follar, vamos.

CONSOLADOR: Aparato fabricado en diversos materiales, tamaños, formas y colores, que se utiliza para satisfacerse sexualmente.

CONSOLAR: Ofrecer favores sexuales a alguna persona afligida por una pérdida o desengaño.

CONSOLARSE: 1. Masturbarse. 2. Buscar favores sexuales.

CONSUELO: Masturbación. El que no se consuela es porque no quiere.

CONTINENCIA: Pureza, castidad, virginidad. Otro estado de locura.

CONTRA NATURA: Sodomía, concúbito entre varones o, según la moral establecida, contra el orden natural.

CÓPULA SEXUAL: Follar, fornicar. Esto es casi como decir «ser humano».

COPULAR: Follar, generalmente referido a animales.

CORTESANA: Zorra, pendona, suripanta, puta. Delicioso equívoco lingüístico para quitarle hierro a la vieja profesión y a quienes la practican.

CUBRIR: Follar, meter, quilar. Suena romántico, cálido, hermoso...

CUNNILINGUS: No es el nombre que se le da a una planta de la familia de las cariofiláceas, sino puro sexo oral, que consiste en bucear sin escafandra y libar todo lo que palpite.

DAMA: Lumi, prostituta. Muchas cortesanas se merecen más el calificativo que algunas nobles.

DECORO: Dieciséis centímetros.

DESHACER LA CAMA: Follar, copular. La búsqueda de locuciones para allanar el camino a la lujuria no tiene límites.

DISTINTO/A: 1. Homosexual, lesbiana. 2. Negro o de cualquier otra raza que no sea la blanca. 3. Subnormal. 4. Minusválido.

ELEMENTA: Burracona, lumi. Suena realmente mal.

EN CUEROS: Desnudo, en pelota. Como el cuero es el pellejo que cubre el cuerpo de los animales, cuando estamos en bolas somos más animales que nunca.

ENROLLARSE: Eufemismo que utilizan los más jóvenes para quitarle dramatismo al hecho de acostarse con sus parejas.

ENTABLAR RELACIONES: Acostarse. Primer paso para terminar delante del juez o del cura.

ENTENDER: Ser homosexual. Cuando el amor entre personas del mismo sexo padecía persecución y éstas se veían obligadas a automarginarse, la pregunta «¿entiendes?» era la vía, casi única, para entablar relaciones en un lugar público.

ENTENDIDO/A: Marica, lesbiana. Dicho para que no parezca lo que es, lo cierto es que los homosexuales encontraron una expresión que les ponía por encima, y por delante, del resto de los mortales.

ENTERA: Virgen... y mártir.

ERECTO: Empalmado, tieso, empinado. Levantarse con la tienda de campaña, una bendición.

ERÓGENO/A: Aquello que produce excitación y deseos sexuales. Existe una extendida mitología respecto a los puntos, o las zonas erógenas de hombre y mujer, que ha motivado la pérdida de horas y más horas en busca de ese puntito en el mapa sexual que haga a la pareja morir de amor, estremecerse hasta el infinito, tener orgasmos mil, subir a las estrellas, extasiarse, llegar al cenit y volver a repetir. Lo difícil no es encontrarlo, sino tener la paciencia suficiente para buscarlo.

ESCLAVO/A: El que disfruta sometiéndose a toda clase de vejaciones físicas y psíquicas en una actitud sumisa.

ESTAR CONTENTO/A: Estar empalmado, cachondo; tener deseos sexuales (de mala leche también se puede).

EYACULACIÓN PRECOZ: Lo contrario que aguantarse. Les pasa a los que presumen mucho; ven pelo y se corren. Un corte.

FÁCIL: 1. Promiscuo. «Muñeca, ¿te he dicho ya que soy un hombre fácil?» 2. Ninfómana.

FAVOR SEXUAL: Polvo, coito, flis, calmante. El favor suele ser mutuo, ya que difícilmente uno se va con alguien, si no le gusta, por la simple y noble razón de evitarle algún trauma.

FELACIÓN: No sé muy bien a qué suena, pero lo reconozco en cuanto me pasa, y sé que es muy, pero que muy agradable.

FRANCÉS: Felación. No disponemos de datos solventes que expliquen por qué a esta acción se le llama «francés». Podría ser, un suponer, que las tropas francesas, durante la invasión de la Península obligaran a las mujeres ibéricas a practicar el sexo oral.

FROTACIÓN: Masturbación femenina. Menudo cachondeo con un anuncio de televisión en el que la madre le decía a la hija: «Niña, el frotar se va a acabar.» Y es que a veces los publicistas, o creativos, no están a lo que deben.

FROTAR: Acariciar el clítoris con mayor o menor intensidad, dependiendo de las ganas, la habilidad y las prisas.

FULANA: Prostituta, lumi, cortesana, burracona. Aunque es insultante, disminuye el interés de los niños que tienen la fea costumbre de estar pendientes de las conversaciones de los mayores. En mi casa siempre se decía «fulana».

FULANO: Querido, amante, manuel. Éste era el amante de la fulana del bar de la que hablaban en mi casa.

FUNDA: Preservativo, condón, goma. Lo que debía ponerse el fulano, para no tener problemas con la fulana, en alguna parte de su cuerpo que nunca supimos cuál era.

FUROR UTERINO: Incontrolable deseo, en la mujer, de ser penetrada constantemente. Ninfomanía.

GANAS: Apetencia sexual. Como las de comer, pero todo crudo.

GÓNADA MASCULINA: Testículo, huevo, cojón, desto. Decir: «Porque me sale de las gónadas», ni impone ni tiene la misma autoridad.

GRIEGO: Sodomía. No disponemos de datos, solventes, etimológicos, históricos ni de otra clase, que expliquen por qué a esta acción se le llama «griego». Podría ser, un suponer, que el primer constructor griego que se instaló en la Península, obligara a sus obreros, todos hombres, claro está, a devolver los anticipos de forma tan ignominiosa. De ahí, tal vez, la cantidad de aplicaciones que se le puede dar a irse a tomar por el culo.

HACER MANITAS: Darse el mate, darse el filete, darse la paliza, arrimar la tiza, pulpear, sobar.

HACER UN FAVOR: Fornicar, follar. La mejor obra de caridad que uno, o una, puede hacer.

HACERSE UN BOLLO: Tener relaciones lésbicas, tortillear. Tal vez tenga que ver con amasar.

HOMBRE AFEMINADO: Marica, homosexual, gay, limaraza.

HOMOSEXUAL: 1. Maricón. 2. Lesbiana. Gracias a esta palabra, el padre, que carecía de capacidad para entender esta tendencia sexual excepto como castigo divino o puro vicio, se volvió más tolerante y dejó de pensar que su hijo era maricón o su hija un marimacho.

INCAPACIDAD SEXUAL: Impotencia, frigidez. Minusvalía perniciosa que destroza la vida de cualquiera.

INCONTINENCIA: Lujuria, lascivia, concupiscencia. Desde un punto de vista sexual, dirige la vida y el comportamiento de quien la padece (aunque no está claro que sea un padecimiento).

INOFENSIVO: Así se denomina, entre mujeres, a un hombre sin intenciones sexuales.

INSINUARSE: Ofrecerse sexualmente.

INSTRUMENTO: 1. Órgano sexual masculino. 2. La televisión pública como patrocinadora del Gobierno que, eventualmente, sostiene o sostenga.

INTIMAR: Fornicar, copular, joder. Así de lejos puede llegar una conversación profunda.

LISA: Mujer con el busto pequeño.

LLEVAR AL HUERTO: 1. Engañar, embelecar, socaliñar. 2. Tener relación sexual en clave de conquista gracias a mentiras o promesas, falsas, de amor.

LLUVIA DORADA: Práctica sexual que consiste en descargar la vejiga sobre el otro, encontrando placer en la presión, el olor, el color y el calor. ¡Ejem...!

LUBRICARSE: Humedecerse las mujeres ante la presencia de su objeto de deseo.

LUBRICIDAD: 1. Lujuria, lascivia, liviandad. 2. Deshonestidad. Esta segunda acepción alude al gusto que sienten los que se llenan las manos con algo que no les pertenece.

MANCEBA: Coima, barragana, prostituta, lumi. Parece que se está hablando de una chica rural, sana y hermosa.

MANUEL: Chulo putas, proxeneta, barbó. Era, y es, uno de los nombres más comunes y fáciles de recordar: «¿Niña, cómo se llama tu novio?» «Manuel.»

MENOSCABO DEL AMOR: Infidelidad, falsía. Pérdida de la observancia de la fe de uno en el otro. Cáncer de la relación, disimulado como simple catarrín.

MERCANCÍA: 1. Hombre o mujer que vende a cualquiera su cuerpo. 2. Droga. 3. Contrabando, tráfico.

METER MANO: 1. Manosear con intención erótica, picar el billete. 2. Robar, chorar. 3. Prevaricar.

MIEMBRO: Órgano sexual masculino. Alguien se atrevió a decir, mientras recogía un premio: «Gracias a los miembros de la academia, y a las mujeres también.»

MIEMBRO VIRIL: Polla. Podría tratarse del socio de un club que fuera muy macho, pero no: es lo que es.

MUJER DE MALA VIDA: Prostituta, hetaira, mujerzuela, puta. Las hay que viven muy mal, pero también las hay que viven mejor que bien.

MUJER PÚBLICA: Meretriz, ramera, golfa, prostituta, lumi, suripanta. No sabemos por qué «hombre público» no significa lo mismo.

OFICIO MÁS ANTIGUO DEL MUNDO: Prostitución, lenocinio, envilecimiento.

ONANISMO: Masturbación. Tengo oída esta palabra —en diversos medios, y pronunciada por distintas personas—, dicha en tono jocoso, sin que nadie se ruborice o se ofenda; la diferencia está en el camino que va del onanista al pajillero.

ONANISTA: El que se la casca más que un mono.

ORDEÑAR: 1. Practicar la felación. 2. Se aplica también a la acción que lleva a cabo con su pareja una mujer insaciable.

PACIENTE: 1. Para las putas, el cliente. 2. Doliente, enfermo.

PARTES: Órganos sexuales. Así, con una simple palabreja, los órganos se ven desposeídos de toda atracción o lujuria.

PARTES NATURALES: Aparato genital masculino y femenino.

PARTES PUDENDAS: Aparato genital. En realidad se refiere más al miembro viril, y es que *pudendo* significa «torpe», «feo», que debe causar vergüenza. ¿Alguien sabe por qué?

PARTES VERGONZOSAS: Testículos, pene, vagina. La vergüenza, en el caso de los hombres, suele ser proporcional a la falta de cantidad. Las mujeres nos superan incluso en esto, y no se miden jamás.

PECADORA: Puta, buscona, perendeca, hetera. La Iglesia y sus ministros evitan así un término tan comprometido y ponen alambre de espino alrededor del cuerpo de estas trabajadoras sociales.

PENE: Polla, cipote. Los médicos, enfermeras y demás personal sanitario no dicen «polla», ni ninguna otra de las más de quinientas que significan lo mismo, nunca jamás.

PENETRACIÓN: Coito, cópula. Aunque es un acto muy concreto, esta palabreja lo hace menos interesante.

PENETRAR: Follar. ¿Les han dicho alguna vez «Cariño, penétrame»?

PERDIDA: Ramera, suripanta, golfa, buscona.

PERITA EN RELACIONES SOCIALES: Prostituta, lumi, cortesana.

PICADERO: 1. Casa o apartamento que se utiliza con el único objetivo de mantener allí relaciones sexuales. 2. Apartamento de soltero. 3. Lugar que emplean los toxicómanos para consumir estupefacientes.

PICAR EL BILLETE: El único origen posible de esta expresión podría ser los mordisquitos, suaves, húmedos y continuados que se dan en los labios mientras que se besan los ardientes enamorados; en cualquier caso, decir, cuando una pareja se arrulla, que «están picando el billete» suena precioso.

PRENDA INTERIOR FEMENINA: 1. Braga. 2. Sostén, sujetador (aunque tanto sostén como sujetador son expresiones eufemísticas, sería imposible dar mejor nombre a una prenda cuyo fin es impedir el efecto de la ley de la gravedad).

PRENDA INTERIOR MASCULINA: Calzoncillo, gayumbo.

PRESERVATIVO: Condón. Esta palabra parece inventada para que señoras de postín puedan comprar las gomas en la farmacia sin pasar un mal trago.

PROTECTOR: 1. Condón, preservativo. 2. Proxeneta, chulo.

PROXENETA: Chulo, macarra, barbó. Individuo que favorece las relaciones sexuales a cambio de una parte del dinero que cobran las prostitutas.

PUDENDO: Pene, miembro viril. Aunque algunos no puedan nada.

QUERIDA: Concubina, manceba, entretenida, querindanga, barragana, coima.

RARO/A: Homosexual. Suponemos que esta expresión se debe a que, en tiempos, al ser la homosexualidad un asunto delicadísimo, los familiares, amigos y vecinos, lo único que notaban es que el chico era un poco «raro».

RESOLVER: Llevar a buen término una escaramuza sexual, o sea: follar.

RESUELTO/A: 1. Sin complejos sexuales. 2. Arriesgado, temerario, arriscado, denodado, bragado.

ROZARSE: Frotarse, tocarse, relacionarse, darse la paliza. Con el roce viene el goce.

SENSUAL: Concupiscente, deshonesto, lujurioso, lascivo, voluptuoso.

SEÑORA: Prostituta, ramera. Cuando un chico se estrena en una manflería, por educación, timidez y acojone, o todo junto, llama a la prostituta «señora puta».

SEÑORITA DE COMPAÑÍA: Lumi, prostituta, hetaira. Esta bella locución disfraza el sexo de pago de honestas relaciones, aunque el fin sea el mismo: follarse a la señorita.

SERVICIO COMPLETO: Así se refieren, en saunas y prostíbulos, a la realización plena del acto sexual.

SEXO ORAL: Felación, cunnilingus. No se trata de hablar acerca de la sexualidad, sino de libar el miembro o la vagina.

SEXO SEGURO: El más seguro es el que no se practica, el problema es que no es nada recomendable (peor el remedio que la enfermedad), por esa razón la seguridad recae en la fidelidad absoluta o en los condones.

SEXO SERENO: Como dicen que lo hacen los que ya no tienen ni fuerzas ni imaginación.

SUFRIR ACOSO: Padecer vejaciones.

SUMISO/A: El que pide dolor para disfrutar sexualmente.

SUS PARTES: El aparato genital de otro. Los testículos del que sufre un golpe allí mismo.

TÉCNICA DE ALINEAMIENTO COITAL (TAC): Esta técnica tiene como objetivo resolver el frustrante problema sexual que ocasiona el hecho de que la mayoría de las posiciones sexuales ofrecen poca estimulación clitoridiana. Las investigaciones demuestran que sólo una tercera parte de las mujeres tienen orgasmos regulares mediante el coito. Con el TAC, la pareja puede mejorar las estadísticas colocándose y moviéndose de una manera determinada que conduce al orgasmo simultáneo.

El alineamiento comienza con el hombre encima, en la posición del misionero. Luego debe deslizarse hasta conseguir que la pelvis quede situada justo sobre la pelvis de la mujer. A continuación, penetrará hacia el interior de la vagina procurando rozar el clítoris y luego iniciarán ambos un movimiento coordinado de la pelvis para que el pene estimule el clítoris directamente y, si es posible, también el punto G.

Encajar a la perfección es el título del libro que el terapeuta neoyorquino Edward Eichel utilizó para popularizar el TAC y modificar la técnica de aplicación, especificando cuál debía ser la coordinación rítmica durante el coito: la mujer embiste hacia arriba con movimientos sincopados mientras el hombre presiona hacia abajo. La clave está en mantener un contacto completo entre la base del pene y la zona del clítoris con movimientos coordinados. Mantener el ritmo adecuado hará que la pareja alcance el orgasmo.

Ya vemos que tras el insignificante, e inofensivo, acrónimo TAC y la utilización políticamente correcta de unas cuantas palabras, obtenemos una locución que, consultada científicamente en la revista *Penthouse,* nos abre un camino claro y despejado para decir cosas interesantes sin tener, necesariamente, que intitularlas por su nombre.

TEMPLAR: Reprimir, controlar la pasión sexual.

TENER UN ORGASMO: Correrse. Terminología utilizada en debates televisivos y radiofónicos y, también, por educadores tímidos y padres aterrorizados ante la pregunta: «Papá, ¿qué es correrse?»

TOCARSE: Masturbarse. Acepción pensada para las mujeres.

TORTILLEAR: Tener relaciones lésbicas.

TORTILLERA: Lesbiana, bollera. Acepción inspirada en la preparación de la famosa tortilla española, especialmente cuando está la sartén caliente.

TRASERO: Culo, bullaca. Aunque los hay de varios tipos, reivindico los redondos, los altos, los que tienen forma de corazón y los que forman parte de mi vida.

VIBRADOR: Como el consolador, pero con menos posibilidades y, a veces, oculto tras una publicidad referida al simple masaje.

a malas lenguas, tijeras

ABUSO DE POSICIÓN DOMINANTE: 1. Preponderancia, prevalencia. 2. Predominio económico. 3. Poder militar de unos países con respecto de otros. 4. Lo que sexualmente tienen las mujeres sobre los hombres.

APRECIAR: Se utiliza cuando no se quiere demasiado; por ejemplo, Hacienda encabeza sus escritos diciendo: «Apreciado contribuyente...» Cuando reclamamos algo que nos corresponde y queremos ser más o menos galantes, decimos: «Apreciado fulano de tal...», más que nada porque encabezar una epístola diciendo «querido» o «querida» compromete mucho.

APROPIADO/A: Como «conveniente», pero para quedar mejor.

ARENA MEDIÁTICA: El conjunto de medios de comunicación, el ruedo más difícil, la conciencia colectiva, el Gran Hermano.

BAJAR A LA ARENA MEDIÁTICA: Despacharse con los medios. Unos lo hacen por derecho, porque les gusta, porque valen para hacerlo; otros los compran, o los arriman a su área de influencia, económica y/o política, para bajar a la arena sin correr el más mínimo riesgo. ¿Nombres? Felipe y Aznar, por ejemplo.

CAPACIDAD DE AUTOMOTIVACIÓN: Inventarse objetivos, trabas, problemas y enemigos. Imponerse fechas de entrega, costumbre muy extendida entre los escritores.

CAPACIDAD DE DISTANCIAMIENTO AFECTIVO: Desapego. Defecto, o virtud, que facilita tener varias novias, dos o más ideologías y abandonar al perro cuando llegan las vacaciones.

CAPACIDAD DE INTEGRACIÓN EN UN GRUPO: Sociabilidad. A veces, el afán de integración es tan fuerte que el sujeto que desea ser admitido cuenta el peor chiste posible en el peor momento. ¿Verdad, Julio?

CAPACIDAD EMPÁTICA Y DE MANEJO DE LA RELACIÓN INTERPERSONAL: 1. Simpatía. Tal descripción parece inventada por algún fabricante de papel o de tinta para plumas, ya que algo tan simple como la simpatía no puede tener, ni en forma políticamente correcta, una expresión tan rebuscada. 2. Comunicación.

CIUDADANÍA: Populacho, turba, pueblo, plebe, vulgo. Llamar «ciudadanos» al pueblo es darles la carta de naturaleza que merecen.

CON UNA MANO DELANTE Y OTRA DETRÁS: Expresión que utilizamos para recordar la indigencia, la pobreza o la miseria que tenía una persona antes de llegar a un lugar, a un trabajo o a un cargo. Se utiliza con sentido positivo.

CONDUCTA SOCIAL (CONDUCTA PÚBLICA): Urbanidad, civilidad, cultura, cortesía, amabilidad, afabilidad, distinción, comedimiento. Los primeros manuales de urbanismo se remontan a tiempos lejanos; de hecho, el primer código conocido fue escrito por un tal Isesi, ministro del faraón Ptahotep. En él se recogen las conductas que deben seguir los jóvenes, enseñándoles el modo de ascender en la escala social mediante la observancia de reglas civilizadas. «Procura que tu pensamiento sea seguro y tu lengua parca en el hablar»; consejos como éste hicieron que el libro perdurara durante muchos siglos.

Los griegos y los romanos observaron reglas muy severas de comportamiento público y no permitían licencias al respecto. Tras la caída del Imperio romano y la llegada de los bárbaros, los códigos sociales cayeron en desuso. Sólo a partir del siglo XIII, con el incremento del poder nobiliario y su expansión, surgió, de nuevo, el deseo de emularse unos caballeros a otros, rivalizando en galantería y cortesanía; este clima favoreció la aparición de nuevos manuales o libros de etiqueta con nombres tan curiosos como éstos: *Espejo de cortesanía, Flor de conducta, Vergel de nobles y doncellas* y algunos otros. Pero fue en el siglo XVI, con el valenciano Luis Vives y el holandés Erasmo de Rotterdam, cuando la observancia de la etiqueta, de la urbanidad y de la conducta civilizada llegaría a su cumbre; el libro que Erasmo de Rotterdam escribió en 1530, dirigido a los niños, se convirtió en un éxito que siguió reimprimiéndose siglo tras siglo. A nuestros antepasados les reprendieron con frases como éstas: «A los que comen sin lavarse antes las manos, ojalá se les paralicen los dedos», «El que se suena la nariz con la servilleta sea tenido por hombre de mala crianza»... Pancracio Celdrán (autor del libro *Historia de las cosas,* que nos ha servido para sacar provecho de esta locución) nos advierte que «...en los ríos de la historia, las aguas siempre terminan por volver a sus cauces, y el hombre..., a donde solía».

CONOCIMIENTO DE LAS LIMITACIONES Y DEBILIDADES: Humildad, modestia, aquello de lo que tantos carecen.

CONVENIENCIA ESTRATÉGICA: Actitud positiva. Cuando los gobiernos norteamericanos tienen buenas relaciones con los chinos a pesar de lo raritos que son. Cuando aguantamos hasta altas horas de la madrugada, cambiando de lugares constantemente, con el único objetivo de tener un tórrido cuerpo a cuerpo con la persona que esa noche nos acompaña. Mostrarse agradecido con un tiránico jefe cuando estamos a punto de conseguir el ascenso que tanto necesitamos.

ACTITUD POSITIVA: Interés, provecho, ganancia, beneficio, utilidad. Los chinos son comunistas, pero consumen a espuertas. La chica de la otra noche es algo plasta, pero está como un tren. El jefe es un facha y un desagradable, pero he trabajado duro para lograr esta promoción.

DESARROLLO DE CONDUCTAS COOPERATIVAS: Liar al mayor número posible de amigos para visitar una sauna, por ejemplo.

DESARROLLO INTEGRAL: Educación, reeducación. Para completar la reinserción social es necesario que el individuo o individuos, después de sufrir condena, o vivir en un ambiente delictivo, violento y marginal, desarrolle al completo su personalidad y encuentre el camino más adecuado a sus características como ser humano.

DESVENTAJA: Tal vez sea este sustantivo y su definición («Mengua o perjuicio que se nota por comparación de dos cosas, personas o situaciones») el ejemplo más claro de cómo se usa el idioma políticamente correcto: se aplica a cualquier adjetivo y suavizamos automáticamente lo que queremos decir.

DESVENTAJA INTELECTUAL: 1. Ignorancia, ineptitud, incultura. 2. Incapacidad mental.

DESVENTAJA MORAL: Inmoralidad, desvergüenza, libertinaje.

DIFICULTAD DE RELACIÓN CON EL MEDIO: Inadaptación, automarginación. El medio, por mucho que se enmascare, resulta hostil.

ENCONTRAR ALGÚN ESCOLLO EN LA NEGOCIACIÓN: El escollo suele ser un abismo insalvable que pone en peligro el final feliz.

ESTABLECIMIENTO DOCENTE: 1. Academia. 2. Colegio. 3. Universidad.

FIRMEZA PERSONAL: Parecida a la seguridad, pero con un puñado de argumentos.

INSTANTE: Los tres minutos que transcurren desde que el presentador de un programa televisivo nos dice: «Un instante de publicidad y volvemos.»

LEER EN CLAVE DE AGRESIÓN: Comprender, al fin, el sentido de la crítica.

LENGUAJE POLÍTICAMENTE CORRECTO: Llamar «trasero» al «culo».

NEGACIÓN POSITIVA: Mentira piadosa. «Cariño, he llegado tarde porque he pinchado una rueda del coche.»

NEGATIVA PLAUSIBLE: Mentira piadosa. «Cariño hoy no voy a dormir porque tengo mucho trabajo acumulado en la oficina.»

NEGACIÓN RECOMENDABLE: Mentira piadosa. «Cariño, te juro que por mucho que te hayan contado, a ésa no la conozco de nada.»

MENTIRA PIADOSA: Infundio, cuento, falsedad, embuste, engaño, patraña, por muy piadosos que éstos sean.

NEUTRALIDAD AFECTIVA EN EL EJERCICIO PROFESIONAL: Equidad; lo contrario de nepotismo. No llenar el ministerio de primos y amiguetes.

OPINIÓN DIVERGENTE: Discrepar abiertamente. Karol Wojtyla es un campeón en esto del idioma políticamente correcto, por ejemplo en su *Veritatis Splendor,* refiriéndose a los teólogos, dice: «Por respeto a la verdad y por atención al pueblo de Dios, deben renunciar a inoportunas manifestaciones públicas de su opinión divergente.» Lo dicho: un campeón.

PANEL VERTICAL DE CONOCIMIENTOS: Pizarra. ¡Joder!, si cuando don Enrique me sacaba a la pizarra a resolver alguna maldita ecuación la hubiese llamado así, creo que habría prestado algo más de atención, o sea, alguna atención, a la aritmética. En realidad sólo me interesaba el «panel vertical de conocimientos» cuando Mercedes «La Benz» subía a la tarima con sus seis dedos de falda.

SEGMENTO DE OCIO: Recreo. En ese pequeño espacio en el tiempo de solaz y esparcimiento yo le pedía a Mercedes «La Benz» un sitio en su corazón, un besito sin lengua, una tarde de cine en la fila de los mancos y dos botones de su niqui azul.

PENA RESOCIALIZADORA: Dulce condena. Objetores de conciencia y pequeños delincuentes «se benefician» de la posibilidad de cumplir sus penas ayudando a personas necesitadas o colaborando en tareas sociales.

PROFESIONAL DE LA INFORMACIÓN: Periodista. Así enunciado parece una carrera más difícil. Con todos los respetos, ¿vale?

PROVEEDOR DE CONTENIDO: Creador, autor. Hacer una obra científica, literaria o artística es proveer de pensamientos a la ciudadanía.

REINSERCIÓN EDUCATIVA: Escolarización. Se trata de insertar a un individuo, en principio perdido para la sociedad, admitiéndole en un colegio, instituto o escuela públicos, con el fin de dotarle de la capacidad de desempeñar algún oficio o profesión.

REINSERCIÓN SOCIAL: Devolver, o dar por primera vez, las condiciones sociales, políticas, morales y familiares a la persona que ha pagado su deuda con la sociedad.

REINTEGRARSE: Volver a la sociedad después de haber padecido prisión y/o toxicomanía grave, sin dinero, sin familia, sin casa y sin futuro.

RESISTENCIA A LA FRUSTRACIÓN: Indolencia. Hay personas capaces de no rendirse ante nada y ante nadie. También las hay incapaces de comprender que es mejor dedicarse a otros asuntos.

SITUACIÓN CONFUSA: 1. Caos, trastorno. 2. Vergüenza, bochorno. 3. Ignominia. «¡Pero si yo creía...!»

con la Iglesia hemos topado

Ángel caído: Lucifer, demonio, diablo, Luzbel, Belcebú, Satanás. La mitología religiosa cristiana es cuidadosa hasta el extremo con las cosas que se dicen, ya que la cuestión de fe y el decir el mínimo de tonterías posible van parejos. Es de ley hacer creer que el mismísimo Diablo no es más que un ángel que se equivocó de camino.

Beato/a: Meapilas, santurrón, chupacirios. En algunos círculos es una bendición.

Desventaja religiosa: Ateísmo, agnosticismo, irreligiosidad. Sin entrada para el Cielo.

Falta: Pecado, maldad. Tarjeta amarilla por mirar a la mujer de tu jefe con concupiscencia.

FORMA: Hostia, cuerpo de Cristo. En forma de oblea, uno practica el canibalismo con el visto bueno de la Iglesia católica.

IRRELIGIOSO/A: Impío, anticatólico, profano. Aunque la denominación resulte correcta y poco malsonante no hay quien le libre del infierno.

IRRESPETUOSO/A: Profano, impío, sacrílego, blasfemo, irreverente, apóstata. En algunos países islámicos, si el discurso pasa de señalar al irrespetuoso como apóstata, algún fanático puede dictar una *fatwa* y la vida de un ser humano pasa a ser una cacería atroz. Que se lo pregunten al gran Naghib Mahfuz.

JURAMENTO: Blasfemia, maldición. Reniego que se hace poniendo algo sagrado como testigo y que se paga con el fuego y la desdicha eternos.

JURAR: Blasfemar, renegar. «¡Júralo que te mueras!» No hay forma de tomárselo en serio.

MINISTRO DE LA IGLESIA: Sacerdote, hombre consagrado a Dios. El cargo es el cargo, incluso en el mundo divino.

PIADOSO/A: Beato, meapilas. La religión se apropia de este término y sólo a los creyentes les dota de virtudes como la conmiseración y la piedad. No mola.

PIEDAD: Culto, religión. Lo mismo: lo mejor para el culto.

PROFESO: 1. Cura, fraile, religioso. 2. Monja. Por

profesar una doctrina, una idea, estas piadosas personas se ganan, cada día, el Cielo.

RACIONAL: Ateo, pagano, laico, irreligioso. Para creer en ciertas cosas hay que ser algo irracional.

RACIONALISMO: Ateísmo, paganismo, indevoción. Es cuestión de pensarlo mucho. Ayuda hacerlo mirando a las estrellas; también a los insectos; si además se añade un poquito de ciencia racional es dificilísimo volver al dogma de fe.

SANTO PADRE: Papa. Beatificado en vida, una gran parte de la humanidad hace oídos sordos y mira hacia otro lado, cuando se le ocurre alguna idea cavernícola al gran preboste de la Iglesia católica. En el caso concreto del último Papa, Juan Pablo II, sus desmanes ideológicos y lo retrógrado de su discurso han supuesto una ruptura de hecho entre el Vaticano y el comportamiento de los católicos, que, aún mostrando su respeto, debido a sus creencias, no pueden comportarse privadamente como el santurrón de Wojtyla les demanda, y es que mirar al marido o a la mujer sin pensamiento lascivo alguno atenta directamente contra la naturaleza humana. ¡Que no se entera, Santidad!

SEÑOR: Dios, Creador, Criador. Ya sabe, si cría pollos, es como Dios.

VOTAR: Blasfemar, jurar, apostatar. ¡Con lo bonito que es meter el papelín en la urna!

todo por la pasta

ABSORBER: Apropiarse, adueñarse. Es como cuando la persona que dice que te ama, en vez de ser para tu vida una botella de oxígeno, se comporta como una aspiradora.

ABSORCIÓN: Apropiación, incautación. Muy propio entre bancos y grandes empresas.

ACAUDALADO/A: Rico, capitalista, pastoso. Asiduo acompañante de algunas «misses» de algo; estas señoritas invierten el tiempo de su reinado en conquistar a un incauto y presumido yateras para satisfacer sus necesidades y su vanidad; ellos se ven superados por la bragueta y las ganas de tirarse el rollo.

ACAUDALAR: 1. Enriquecerse. 2. Ahorrar. Guardar los jurdós. Como viene de «caudal» y esta palabra es tan hermosa, no parece que la avaricia sea tan perniciosa.

ACHICHARRAR: Ahogar, angustiar, abrumar económicamente; por ejemplo, con impuestos.

ACOMODADO/A: Burgués, rico, opulento. Tiene mala leche esta palabra, ya que, cuanto más rico, más cómodo.

ACOMODAR: 1. Enriquecer. 2. Comprar el silencio o el beneplácito, sobornar.

ACOMODO: 1. Arreglo, soborno, componenda. 2. Riqueza, caudal. Cuando se debe dinero, una de las peores sensaciones que se tiene es la de la incomodidad.

AFORAR: Pagar por obligación.

AHORRADOR/A (AHORRATIVO/A): Miserable, avariento, rata. Fabulosa careta tras la que se ocultan los que no gastan ni bromas.

AMORTIZAR: Creer o hacer creer que la inversión, con el pago de intereses, valió la pena.

APRETADO/A: 1. Miserable, ruin, cicatero, tacaño, mezquino. 2. Boqueras, sin blanca. Ese amigo que todos tenemos y que parece oler nuestra comida en diez kilómetros a la redonda

ARRENDAR: Una de las acepciones de este término es «atar por las riendas»; no hace falta mucha imaginación para darse cuenta de lo que, casi siempre, suele ser un alquiler.

ASIGNACIÓN PROVISIONAL: Pensión. Aunque dure toda la vida. Ya se sabe que los términos legales son indiferentes al paso del tiempo.

AVERÍA: 1. Ruina. La mayor parte de las averías tienen reparación, y ésa es la esperanza del que está en la más absoluta de las ruinas. 2. Embarazo no deseado.

AVERIARSE: Arruinarse en el casino, en la casa de putas, en varios divorcios, o a base de coca o alcohol.

BACALAO: 1. Negocio. 2. Negocio sexual. 3. Aparato genital femenino.

BANQUERO: Usurero. Con todos los respetos, antes fue la usura que el fomento del ahorro; institucionalizado más tarde, las casas de préstamos y sus dueños se convirtieron en establecimientos bancarios, las unas y, ellos, en honrados comerciantes.

CAUDAL: Opulencia, dinero. La pasta fluye del negocio a los bancos, de allí a la cartera, de ésta al bolsillo, después a la mano, con ella se paga el mejor vino, el de la bodega se lo gasta en un cochazo, el del concesionario de importación es socio del negocio y lo ingresa en el banco y vuelta a empezar.

CLAVO: Daño, perjuicio económico. Deporte favorito de algunos restaurantes y lugares de moda, donde lo único que hacen bien es clavar.

COMERCIANTE: Mercader, traficante, trajinante, mercachifle. Comerciar o traficar con drogas; lo mismo da, la cuestión es suavizar el comportamiento.

COMPENSACIÓN ECONÓMICA: 1. Recompensa, indemnización. 2. Impuesto revolucionario. Compensa pagarlo si es la vida lo que está en juego.

COMPENSAR ECONÓMICAMENTE: 1. Limpiar la conciencia pagando un poco más de lo que se quería y bastante menos de lo que se debería. 2. Devolver al pueblo lo que antes se le arrebató, según el libro de estilo de las bandas terroristas. Así lo dicen en sus amenazantes misivas.

CONTRIBUCIÓN: Carga, gravamen, imposición. No siempre se sabe a qué se contribuye, a veces a un tramo de autopista, otras, a que alguien sea un poco más rico.

CONTRIBUIR: Pagar, aunque no se quiera.

CONTRIBUYENTE: Individuo obligado a contribuir a pesar de que no gane lo suficiente para vivir dignamente.

DESVENTAJA ECONÓMICA: Pobreza, indigencia, miseria.

ECONOMIZAR: Tirarse al barro, tacañería. Gastar menos que un barco en frenos.

ECONOMIZAR ESFUERZOS: 1. Ahorrar. 2. Gastar poco. 3. Dejar que el trabajo duro lo hagan los demás.

ESTAR EN BRAGAS: 1. Estar arruinado, empobrecido. 2. Desprevenido, descuidado, desapercibido. Podría ser «estar en calzoncillos», pero ya se sabe que los hombres tienen menos pudor.

ESTRECHEZ: Carencia, miseria, penuria. Sin dinero es difícil estar ancho.

EXCLUSIVA: Privilegio, monopolio. Los gobiernos añoran los monopolios informativos, bajo su control, por supuesto, y los empresarios desean cualquier tipo de monopolio económico. Maquillados bajo la exclusividad se esconden monopolios por doquier.

FINANCIACIÓN: Usura. Llevárselo por los artículos de lujo, vale; pero los créditos hipotecarios siguen siendo un abuso.

GRATIFICAR: No siempre «gratificar» es comprar los servicios de alguien, pero muchas veces, sí.

HABER: Hacienda, caudal, fortuna. Llamarle «haber» a un conjunto de bienes y derechos no es otra cosa que minimizar la riqueza.

HABER MONEDADO: Pago en especies. Así es como se dice cuando, en vez de saldar una deuda o compromiso adquirido, por la razón que fuere, mediante un pago debidamente acreditado (facturas, IVA y todas esas cosas tributables), lo que se hace es regalar un cochazo, o poner un piso en la avenida o un barco en el puerto, o un programa en La Primera, o un visón en el armario, o unas cuantas galas en ayuntamientos bajo control.

HUNDIMIENTO ECONÓMICO: Ruina. Hundido económicamente aún quedan ganas para seguir luchando; a los que están arruinados a veces sólo les quedan ganas y fuerzas para saltar desde un puente; por cierto: una estupidez, ya que los problemas de dinero se solucionan siempre con dinero.

INCIDENCIAS: Deudas, impagados. Son las entidades financieras y sus empleados los que usan este término: «Lo sentimos, hay algunas incidencias y no podemos concederle el crédito», aunque se saldaran años atrás. ¡Qué fuerte!

INGLÉS: Acreedor de dinero. Digo yo que lo del Peñón tendrá algo que ver.

JUGAR: Apostar, arriesgar. Jugando, muchos se han dejado la hacienda, el caudal, la salud y la vida.

LOGRERO/A: 1. Usurero, avaro. 2. Banquero. La mala fama que arrastran los banqueros me parece a mí que se la han ganado a pulso: cuando alguien necesita un crédito de un millón de pesetas, por ejemplo, debe demostrar que tiene pertenencias por una suma más de diez veces superior, y uno o varios amigos y familiares dispuestos a asumir el riesgo del impago poniendo en manos del banco una parte importante de su patrimonio. Aún, con estas garantías, el banquero, o bancario, espera que le estés eternamente agradecido. Pero lo que realmente resulta exasperante es el hecho invariable de que la banca se beneficia de las necesidades ajenas, sin arriesgar absolutamente nada. Increíble, pero tan cierto como que a primeros tengo que pagar la dichosa hipoteca.

MEJORAR DE FORTUNA: 1. Medrar. 2. Beneficiarse de lo ajeno, robar. Como mejorar de aspecto, pero sin pagar al estilista.

PAPEL PELOTA: Letras de cambio falsas que se endosan con la intención de obtener dinero.

PASAR LOS BIENES A MANOS MUERTAS: Amortizar, recuperar, redimir. Extinguir el capital. Recuperar fondos invertidos.

PATROCINADOR/A: Protector, mecenas. Sin patrocinio, ni el agua de la lluvia.

PECHO: Impuesto, tributo. Sólo Hacienda podría inspirar un eufemismo tan *palpable.*

PRODUCTIVO/A: Lucrativo, provechoso. Los que obran *pro domo sua* disfrazan un balance favorable entre precios y costes con este eufemismo.

PROVECHO: Lucro, usura. El buen provecho que frecuentemente se desea a los que están comiendo se les debería atragantar.

SACAR JUGO: Obtener beneficio. Exprimir a las personas como si fuesen cítricos.

SENTIDO DE INICIATIVA: Ambición, codicia, avidez, acucia. Fundamental para llegar a ser un buen tiburón. El mundo de los negocios necesita fieras con capacidad de inventar.

SOBRA DE BIENES: Riqueza, caudal, opulencia, abundancia. Como pedir perdón por tener mucho.

TABLA DE CUENTAS AJUSTADAS: Escala, baremo, cálculo. Sólo para iniciados y sádicos.

UNTAR LA MANO: Sobornar, corromper, comprar. Más pegajoso que la grasa industrial, se lleva adherido a la mano y a la conciencia hasta que el sobornador decida.

UTILIDAD: 1. Lucro, ganancia, provecho. 2. Usura. Si fuera inútil, ¿qué harían los usureros?

el cuerpo glorioso

ACHISPADO/A: Borracho, embriagado. Suena más bonito y es menos desagradable.

ACHISPARSE: Emborracharse. Hay a quien le da por llorar, otros se ponen pesadísimos y la mayoría mete la pata sin cesar; en todos los casos, antes o después, todos intentan contarte lo mismo: por qué su desabrida vida les hace naufragar en una copa repleta de alcohol.

ALOPECIA: Calvicie, cartón. Término que suena a científico para quitarle importancia a la pérdida y dar esperanzas, hasta el día de hoy infundadas, todo hay que decirlo, de que con ciertos tratamientos el cabello volverá a florecer cual flor en primavera. Mi primo Felisín dice que si Sinatra perdió el tomo y no pudo hacer nada para evitarlo, el resto de mortales lo tenemos claro.

ALOPÉCICO/A: Calvo, ratero, matado de los clavos, pelado. Sinatra, muy a su pesar, entre otros muchos ilustres que tratan, inútilmente, de ocultarlo.

AXILA: Huele mejor que sobaco.

CARGADO/A: Borracho, ebrio, drogado. Se trata de acumular lo máximo posible de una sola vez.

CHAPARRO/A: Individuo más bien bajo y gordo; como una mesa camilla.

CHISPA: Borrachera, moco, curda, bolinga. Si a uno que va lleno de alcohol se le acerca una llama, lo menos que se produce es una chispa.

COCIDO/A: Borracho, drogado. Si se fijan, cuando una persona está en ese estado parece una nécora recién sacada de la olla. O un alemán en una playa de Palma.

DEL MONTÓN: Se dice de los que son feos, con intención de ofender lo menos posible.

DESCOLORIDO/A: Débil, macilento, esmirriado, mustio.

DESPROPORCIONADO/A: Malhecho, disforme, feo, monstruoso. Por esta razón muchos de esos que presumen de ser únicos y tener no sé qué medidas en cierta parte del cuerpo deberían darse cuenta, ya mismo, de que son unos monstruos.

DESVENTAJA CAPILAR: Calvicie. Ayuda a superar el complejo.

DESVENTAJA CORPORAL: 1. Incapacidad física, minusvalía. 2. Raquitismo. 3. Enanismo.

DESVENTAJA FACIAL: Fealdad, deformidad, monstruosidad.

DESVENTAJA FÍSICA: Flojedad, flaqueza, debilidad.

DONANTE: Pelado, calvo, alopécico, ratero. Voz de jerga que favorece al afectado dándole carácter de persona generosa.

DURO/A DE OÍDO: Sordo. Aplícase también a aquellos que sólo oyen lo que quieren.

EBRIO: Borracho, beodo, curda. Hasta el ebrio de amor sabe que la borrachera se pasa, pero las consecuencias que se hayan podido acarrear por tomar decisiones bajo los efluvios favoritos de Baco, a veces, son irreparables.

EMBRIAGADO/A: Borracho, ebrio, curda, bolinga. La de molestias lingüísticas que nos tomamos para no llamar «borracho» al que lo es.

EMBRIAGARSE: Emborracharse, alumbrarse, ajumarse, amonarse. No se conduce mejor embriagado que borracho, ¡estamos!

ENDEBLE: Raquítico, enfermizo, encanijado, enteco. Dicho con toda la misericordia.

ESCASO: 1. Raquítico, endeble, canijo. 2. Miserable, pobre.

ESCASO/A DE RAZÓN: Retrasado mental, disminuido psíquico. Imbécil. La necesidad conduce a la enfermedad.

FEÚCHO/A: Feo, deforme. «El novio de la niña es algo feúcho, pero tiene carrera.»

INCÓMODO/A DE VER: Feo, horrible, callo. Tiene mala leche, pero es así.

MAGRO/A: Esmirriado, esquelético, escuálido. Y mira que suena apetitoso.

MAL PARECIDO/A: Feo, disforme, horroroso. Como diría un lacayo que es su amo sin temer por ello una severa reprimenda.

MALCARADO/A: 1. Disforme, feo. 2. Perdonavidas, matasiete. Además de feúcho, chulo y fanfarrón, pero ideal para una novela negra.

MONA: Borrachera, cogorza. ¡Qué culpa tendrán los primates!

MONO/A: Cuando cuesta trabajo decir que alguien es feo, o no muy agraciado, se recurre a un simio, ¡qué cosas! También se aplica a los objetos.

NO SER MUY AGRACIADO/A: Más bien feo y poco jacarandoso.

OBESO/A: Se utiliza eufemísticamente para decir «gordito», cuando en realidad se quiere decir «gordísimo».

PEINAR CANAS: Envejecer, avejentar, aviejar. El consuelo es que las canas, a veces, salvan de la calvicie.

QUE PEINA CANAS: Deliciosa manera de decir que alguien está llegando más allá de la madurez.

RELLENITO/A: Gordo, según los padres.

ROLLIZO/A: Gordo, voluminoso, grueso. Como los turistas del norte de Europa que se asan en nuestras playas.

cosas de la personalidad

ABUSIVO/A: Tiránico, draconiano, avasallador, dictatorial.

ADAPTADO/A: 1. Sometido, dominado, humillado. 2. Trepa, lameculos. No es la adaptación al medio, es el sometimiento a la autoridad, económica, moral, política...

ADIVINO/A: Charlatán, impostor, farsante, embustero, embaucador. La noche televisiva se llena de esta fauna, supongo que con la intención de pillar al personal en trance de caer en los brazos de Morfeo y así llevarles al huerto con más facilidad.

ADOCENADO/A: Vulgar, ordinario, inculto, manido, chabacano. Cualquiera de estas definiciones duele más a las personas de escaso mérito.

PERSONA DE ESCASO MÉRITO: Iletrado, lego, inculto, ineducado. ¿Cuántos llegan a lo más alto? En el mundo de la industria discográfica, casi siempre, el tamaño del cerebro es inversamente proporcional al tamaño del despacho: cuanto más pequeña es la materia gris, mayor es el tamaño de la habitación; y es que ya se sabe que cuando se mete un burro en un despacho el resultado es que hay un despacho con un burro dentro. Seguro que puede aplicarse a un montón más de profesiones, ¿a que sí?

AGUDO/A: 1. Malvado, inmoral, perverso. 2. Cotilla. 3. Sutil, perspicaz. 4. Vivo, jacarandoso, gracioso. Cuanto más afilada la lengua, mejor.

ALELADO/A: Imbécil, idiota, mentecato. Igual que en medicina, hay cosas que, dependiendo de cómo se digan, parece que tienen cura.

ALMIBARADO/A: Gilipollas. De modales y actitud afectadamente estúpidos.

ALOCADO/A: Calavera, mujeriego, desjuiciado, vicioso, libertino, irreflexivo. Ser un poco, o algo, alocado, permite disimular grandes vicios.

ALTERACIÓN PATOLÓGICA DE LA CONDUCTA: Psicopatía. Estado en el que un asesino es capaz de cometer las mayores atrocidades: canibalismo, necrofilia, etcétera.

AMBIGUO/A: 1. Sospechoso, oscuro, mendoso. 2. Bisexual. Palabra que esconde amigos del terrorismo, pederastas, viciosos guarros y publicidad dañina.

ANDORRERO/A: Vago, vagabundo. Dicho de esta forma parece que hablamos de deportistas practicantes del *footing*.

APRENSIVO/A: 1. Cagón, miedoso, pusilánime. 2. Hipocondríaco. De esto no se muere nadie.

ARTISTA: Jeta, caradura, vividor, proxeneta, vago, timador, mendaz. ¿No es eso lo que permanentemente interpretan los actores?: papeles de todas clases.

ARTISTA DEL ALAMBRE: Individuo con habilidades sobrenaturales para buscarse la vida en cualquier situación.

ARTISTA DEL HAMBRE: Manguta, mendigo, pedigüeño. El arte consiste en currarse la pena y almibarar la tradicional dureza de los viandantes.

ASIMILADO/A: Sometido. En algunas sectas y grupos radicales se le llama «asimilado» a aquel que después de haber sido «captado» termina haciendo propias las ideas de quienes lo someten.

AVERIADO/A: Persona que se ha buscado la ruina; o se la han buscado, que nunca se sabe.

BAJO: 1. Vil, indigno, rastrero, ruin. 2. Injurioso, ignominioso, innoble. Lo peor del escalafón: andar arrastrándose por el suelo.

BOBADA: Gilipollez, expresmatorrea, chuminada. «Nada, una bobada. Que este ha pillado a su novia besándose con uno dentro de un coche.» La bobada se torna tragedia para el protagonista.

BOBO/A: Gilipollas, follapavas, tolái. En los insultos finos la cuestión es herir al contrario sin que apenas lo perciba.

BRAVUCÓN/ONA: Matón, pendenciero. Si le llamamos matón, nos pega un tiro.

CAMPESINO/A: Paleto, rústico, zorrocotronco. Suena tan bucólico que dulcifica lo duro que resulta hacerse con la tierra.

CARA: Caradura, desvergonzado, desahogado, asaltaneveras, sablista. Lo gracioso es que «tener cara» despierta una cierta simpatía.

CARÁCTER DISCONTINUO: Voluble, tornadizo, variable, veleidoso. Gravísima enfermedad que consiste en dar un besito a las diez de la mañana, gritar a las doce y media, llorar a las tres de la tarde, querer dar un paseo romántico a las siete, discutir por alguna gilipollez durante la cena, hacer el amor a la una y media de la madrugada, soñar que está siendo engañado por su pareja y salir zumbando de la cama sin dar el besito de las diez.

CARGANTE: Latoso, majadero, pesado, fastidioso, plasta. La cosa es que no se dan cuenta hasta que no han echado a todo el mundo de la reunión.

CARNE DE CAÑÓN: Persona destinada al peor futuro, inmediato o no, posible.

CELOSO/A: Desconfiado, receloso, acharado. Celosos y celosas han matado más que la peste.

CHARLATÁN/ANA: Embustero, impostor, mentiroso, embaucador, farsante, trapalón. Con una apariencia de persona dicharachera y simpática ganan nuestra confianza y nos levantan la cartera sin que nos demos cuenta.

CHISMOSO/A: Maledicente, intrigante. La maldad que escupen las bocas de algunos personajes dedicados al despellejamiento de famosos, llamada «chisme» para no tener que decir «veneno».

CLÁSICO/A: 1. Antiguo, carcamal. 2. Soso, aburrido. Esta acepción deben habérsela inventado ellos mismos para encubrir su falta de virtudes.

CORRIDO/A: Vicioso. En algunos ambientes, es de mérito estar muy corrido.

CORTIJERO/A: 1. Rabadán, caporal, mayoral. 2. Señorito andaluz.

COTILLA: Maledicente, calumniador, chismoso. Las porteras y porteros de las fincas siempre han tenido fama de darle a la mui.

CRÍTICO: Juez. Rara vez, el crítico analiza o explica; generalmente censura, desaprueba, fustiga y vitupera. Tiene fácil aclaración: cuando uno pregunta a un niño de corta edad qué quiere ser de mayor, la respuesta pasa desde el bombero hasta el pirata, de la bailarina a la enfermera, del cantante al policía, del piloto de Fórmula 1 al torero, de la actriz a la jueza, del futbolista al boxeador, incluso del matemático al historiador, de la doctora a la abogada o del científico al inventor; pero ninguno, nunca jamás, responde: «¡Crítico!»

CULTIVADOR/A: Labrador, campesino, rústico. Es más bucólico «cultivar» que «labrar», aunque ambas cosas precisan grandes esfuerzos.

DESCENTRADO/A: Loco, demente. «Te veo muy descentrada, cariño.» Buena frase para intentar ligar.

DESCORTÉS: Rudo, basto, grosero, violento. Estragar la cortesía es, desgraciadamente, la afición y el objetivo de muchos ciudadanos.

DESHONESTO: Impúdico, obsceno, sucio, indecoroso, inmundo. Como el descortés, prolifera en nuestra sociedad, y lo que es peor, a veces, es presentado como héroe y modelo.

DESMEDIDO/A: Sujeto que aparece en televisión haciendo cualquier estupidez sin mesura y sin sentido del ridículo.

DESPEGADO/A: 1. Insociable, intratable. 2. Antipático. Dudo en cuanto a clasificar esta cualidad como defecto o virtud; objetivamente, depende de la actuación de cada uno.

DETRACTOR/A: Calumniador, difamador. En los últimos años, España registra un crecimiento alarmante de ciudadanos con estas características.

DISOLUTO/A: Desaprensivo, inmoral, lujurioso, crapuloso, deshonesto. No parece tan fuerte, después de todo.

ELEMENTO ALEATORIO INCONTROLABLE: Juez. Aunque no en todos los casos, la mayoría son dignos de este vocablo.

ELEMENTO DISTORSIONADOR: 1. Mentira, trápala. 2. Cizañador, cizañero. 3. Intoxicador, periodista falaz. 4. Medio de comunicación proclive a la injuria, la calumnia y la desestabilización como elementos clave en su política de ventas o para recibir favores.

EMPALAGOSO/A: Molesto, pesado. La miel, la leche condensada, el arrope y cierta presentadora de televisión.

ENCOMIÁSTICO/A: Lisonjero, laudatorio, lameculos, comenabos. Podría parecer que se trata de un monaguillo.

ENOJADO/A: Colérico, furioso, rabioso. En los dibujos animados y las teleseries de los años sesenta, dobladas en algunos países de Latinoamérica, se utilizaba mucho esta expresión: «Y dígame, señor Carwrithg: ¿por qué se enojó el medianero en la noche del reseso?»

ENOJOSO/A: Irritable, desagradable. «Es que el medianero se encontró a la señora Wilkins asesinada con un objeto filoso en mitad de la cabesa.»

ENSOBERBECIDO/A: Inflado, infatuado, engreído. Tan llenos de sí que explotan como globos a los que se les ha metido demasiado aire.

ESCAMADO/A: Celoso, casi siempre por escarmentado.

ESCAMÓN/ONA: Suspicaz, sospechoso, maliciable. Después de los cuernos, ya no se fían de nada ni de nadie.

ESCANDALOSO/A: Pervertido, desvergonzado, inmoral, depravado. También es escandalosa la cuantía de algunas pensiones, el sueldo de algunos funcionarios, los beneficios de la mayoría de los bancos, el precio de la gasolina, la ficha de algunos futbolistas.

ESCASO/A DE RAZÓN: Loco, zumbado, chalado. Término políticamente correcto, pero cruel.

ESPECIAL: Se dice de alguien a quien apreciamos, pero que sabemos que es bastante raro.

ESPESO/A: 1. Cerdo, puerco, marrano, cochino. 2. Hombre sucio. Como el barro, el fango, la mierda y el mensaje de algunos políticos.

ESQUIVO/A: Huraño, duro, intratable. Bob Dylan, Brando, Mike Tysson.

FALTO/A: Pobre, necesitado, mendigo. Este adjetivo no les da de comer, pero, al menos, denota un cierto respeto. No es que sea un gran consuelo, pero ése es el truco de los eufemismos: se usan, no sólo para suavizar el sentido o significado de una palabra, sino también porque creemos que cuando nos referimos a una persona, situación o cosa, sin llamarlas por su nombre (en el caso de que las circunstancias sean desagradables, vejantes, atroces o vergonzantes), minimizamos la situación y sentimos menor cargo de conciencia.

FÁMULO: 1. Criado, lacayo. 2. Esclavo. Seguro que un criado al que se le requiere llamándole «fámulo» se siente menos lacayo, aunque, desde luego, bastante confundido.

FLEMÁTICO/A: Cachazudo, lerdo, torpe, calmudo. Arrastran los pies, llegan siempre tarde, les importa todo un pito y tardan dos horas en solucionarnos el tema que nos ha llevado hasta la ventanilla.

FLOJO/A: 1. Indolente, negligente, tardo. 2. Mentiroso, trapalón. 3. Vago, gandumbas, vagoneta. Agradecidísimos deben estar con esta denominación eufemística de sus imperfecciones.

FRESCO/A: Procaz, insolente, impúdico, descarado. Es muy de zarzuela, ¿no?

GARANTIZADOR/A: Responsable, culpable. Éste garantiza, o sea, que da garantía: efecto de afianzar lo estipulado. El trato es robar y/o matar.

GILÍ: Siguen usándolo algunos padres delante de sus hijos menores o algunas personas afectadas de petulancia crónica cuando quieren decir «gilipollas», «tonto», «lelo».

GORRÓN/ONA: Parásito, vividor, abusón, jeta, desahogado, caradura. El Titi, uno de Lavapiés, se lo hacía de lujo. Su habilidad para colarse en discotecas, espectáculos, bodas y comuniones quedaba eclipsada comparada con el arte que tenía para comer de patilla: el truco del chaval, que así lo llamaba, consistía en convencer a algún crío del barrio, o conocido, y llevárselo a un restaurante donde el chavea iba a comer todos los helados y pasteles que pudiera tragar; él hacía lo mismo con lo mejor de la carta, incluidos vinos y licores, café y puro, e incluso, a veces, un lustre en sus desgastados calcos. Bien:

cuando llegaba la hora de pagar, se echaba mano a la cartera con la dignidad de Onassis y empezaba la declamación: «¡Dios mío. He olvidado la cartera... Espero que no me la hayan robado!» El *maître* le creía a pie juntillas y se preocupaba por la cartera del Titi tanto como él. Creado el clima llegaba la secuencia final: «Le dejo aquí a mi chico y voy volando a casa a por dinero.» Era la última vez que le veían. El chaval aguantaba allí, atiborrándose, hasta que alguien, preocupado por la tan prolongada ausencia del progenitor, le preguntaba: «¿Chico, va a tardar mucho tu papá en volver?» «Señor, ése no es mi padre.»

GRACIOSO/A: Justo todo lo contrario de lo que puede parecer.

HABLADOR/A: Soplón, confidente, chivoli. La pasma los llama así para no dar pistas.

HIJO/A DE MALA MADRE: Hijo de puta, hijo de la gran puta, joputa. Se oía mucho en aquel programa dramático de TVE, llamado *Estudio 1,* sustituyendo al taco del texto original.

HIJO/A DE PERRA: Hijo de puta según los *spaghetti-western.*

HINCHADO/A: 1. Presuntuoso, infatuado, vano. 2. Borracho, ebrio. En ambos casos, se les ve venir.

INCIVIL: Inculto, descortés, malcriado, grosero. Los que sacan a pasear al perro y no recogen los excrementos dejados por el animal que, dicho sea de paso, no tiene la culpa de nada.

INCÓMODO/A: Pesado, desagradable. Como un grano... en el culo, claro.

INCONSTANTE: Veleidoso, voluble, mudable, caprichoso. Además, poco fiable y traicionero, criticón y bastante envidioso.

INCORRECTO/A: Vil, ruin, repugnante, indigno. De malas costumbres y comportamientos, como animales de malas mañas, se pavonean ante una corte de acólitos que sólo les ven «un poco incorrectos», pero, al fin y al cabo, la cocaína de esta noche es suya.

INDIFERENTE: Insensible. Para mostrarse indiferente ante determinadas señoritas o caballeros, realmente hay que ser insensible.

INDIGENTE: Mendigo, pordiosero, menesteroso, pobre. Nombre oficial del pobre de solemnidad.

INDIGNO/A: Rastrero, servil, lacayo, abyecto. Como el incorrecto, pero además lameculos.

INDOLENTE: 1. Bragazas, calzonazos, calzorras. 2. Cornudo. El arte de llevar los cuernos como si nada.

INFORMAL: 1. Sucio, desaliñado. 2. Impuntual. 3. Mentiroso, falaz. Como siempre ponen buena cara, se les trata con cariñete.

INOPINADO/A: Habitual en las tertulias.

INSTRUCTOR/ORA: Catedrático, profesor, mentor, maestro. A mí me gusta más «maestro», pero, quizás, así les pagan mejor. ¡Ojalá!

INSUBORDINADO/A: Desobediente, incorregible, díscolo, indómito. Si alguna vez me hubiesen llamado así, hubiera creído que no me portaba tan mal.

INSUMISIÓN: Movimiento juvenil de resistencia a la obligatoriedad del servicio militar y a la prestación civil sustitutoria.

INSUMISO/A: Rebelde, indócil, desobediente. Sin ese espíritu debidamente instalado durante la juventud, y que conviene mantener siempre fresco, el mundo sería bastante más aburrido, y, hay razones para creerlo, peor.

INURBANO/A: Ordinario, grosero, vulgar, rústico, incivil. A veces, los propios ediles.

IRRECONCILIABLE: Vengativo, iracundo, rencoroso. Perdida la paz y la amistad, el abismo se hace cada día más profundo.

IRRITABLE: Frenético, colérico, violento, bilioso, iracundo. Tan previsible como falto de razón.

JESUITA: Enredador astuto y sagaz. Por fin sé lo que mi viejo pensaba del vecino del segundo.

LAVACARAS: Lisonjero, adulador, servil, comenabos. Sólo están limpios de manos.

LEVANTISCO/A: Revolucionario, indómito. Ernesto Che Guevara.

LICENCIOSO/A: Impúdico, deshonesto, obsceno, pornográfico. Lo hace como si le hubieran dado permiso o un diploma.

LIGERO/A DE CASCOS: 1. Calavera, jaranero, disoluto. 2. Cortesana, zorra. Es que el caletre a veces va como quiere, y ya está.

MAGREBÍ: Moro, norteafricano, habitante del Magreb. Después de la Marcha Verde y la muerte de Franco, los esfuerzos para llegar a una normalización de las relaciones también incluyeron las denominaciones.

MALCRIADO/A: Zafio, montaraz, inculto, cerril, jaque. Así, la culpa vuelve a ser de los padres.

MALHADADO/A: Infeliz, desdichado, mísero, cuitado. Esta vez es cosa del Hada Madrina.

MAMPORRERO: En realidad, lo políticamente correcto es la definición: «En las paradas, el que dirige el miembro del caballo en el acto de la generación.» En cualquier caso, a ver cómo se explica. Conviene saber que no tiene femenino.

MEDROSO/A: Cobarde, cagón, pusilánime. Es casi como «miedoso» o «mierdoso», pero el arte de la palabra lo deja así.

MENDOCINO/A: Supersticioso, fetichista, agorero. Aunque en desuso, este adjetivo relativo a la familia de los Mendoza, quienes dieron origen a la superstición que considera de mal agüero derramar sal en la mesa, nos recuerda, una vez más, que el lenguaje es algo vivo.

MENSAJERO: No les gusta que les llamen recaderos. Antes botones.

MEZCLADO/A: Para los racistas, impuro, no ario.

MONTARAZ: Palurdo, paleto, cerril, patán, tosco, zafio. Algunos llegan a vicepresidentes.

MUSULMÁN/ANA: Moro, agareno, islámico. Ni aposta puede sonar despectivo.

NECESITADO/A: Miserable, pobre, indigente, mendigo. Pobre de solemnidad según las hermanitas de la orden de las buenas intenciones.

NO APTO/A: Incompetente, incapaz, inhábil. Algunos sólo son aptos para la mili, ¡qué putada!

NO SABER UNO DÓNDE TIENE SU MANO DERECHA: Ser incapaz, de poco talento, inútil, inhábil.

OBEDIENTE: Dócil, obsecuente, manejable: fin último del servicio militar.

OBJETO TRANSICIONAL: Cebo, pábulo, fomento. De este aliciente saben mucho los psicólogos, pero a mí me gusta más como lo explica Juan José Millás: «...aquel que permite el paso de una zona a otra de la realidad sin que se produzcan grandes trastornos en el recorrido. Por ejemplo, el chupete facilitaría el tránsito entre el pezón de la madre y la boquilla del cigarrillo. Se pierde lo antiguo (la leche), pero se conquista algo nuevo (los alquitranes)...».

OPUESTO/A: Enemigo, rival. Simplificando las trabas ancestrales.

ORGULLOSO/A: Engreído, soberbio, altanero. Hay quien confunde las causas nobles y virtuosas, que disimulan el exceso de vanidad propia, con el envanecimiento.

OSCURO/A: Quien así se expresa manifiesta una cierta ironía al referirse a personas negras, endrinas, azabachadas o denegridas.

PAJOLERO/A: Molesto, impertinente, fastidioso, pesado. Como se pasan la vida dando la brasa, cuando así les llamas necesitan un diccionario para saber qué son.

PEDAGOGO/A: Maestro, profesor. Don Alfredo y don Enrique (ya fallecido) de la Academia Alen, en la calle de las Delicias en Madrid, se dejaron sus vidas en intentar enseñarnos algo que nos sirviera para el futuro. Eran verdaderos maestros; profesores, les llamábamos a veces para que se sintieran orgullosos. Aunque palabra vieja del griego, a través del latín, hace poco que se utiliza comúnmente; y don Enrique y don Alfredo se deben sentir muy orgullosos porque habla de ellos: persona de grandes cualidades como maestro.

PERDIDO/A: Calavera, vicioso. Porque no hay quien los encuentre hasta pasados unos días.

PEREZOSO/A: 1. Gandul, vago, zángano, haragán. 2. Vagabundo. Ser «algo perezoso» no es tan indigno como ser un vago, y ayuda con la conmiseración de los demás. Aunque no mucho.

PISAVERDE: 1. Hombre presumido y afeminado que no conoce más ocupación que la de acicalarse, perfumarse y andar vagando todo el día en busca de galanteos; todo un insulto. 2. Homosexual.

PORTERA: Cotilla, chismoso, calumniador. Televisiones, emisoras de radio y revistas tienen más porteras que los Nuevos Ministerios.

PRESUMIDO/A: 1. Fatuo, impertinente. 2. Tonto, bobo. Se puede decir, y aplicar, con buena intención, pero, por algo, no suena bien.

PROCAZ: Descarado, deslenguado, sinvergüenza, insolente. El lenguaje procaz en la nueva novela y en el cine de hoy se ha hecho tan común que resulta familiar. El comportamiento aún no, pero no tardará.

RAMPLÓN/ONA: Desaliñado, tosco, grosero, inculto. Sin duda es un insulto, pero algo más refinado.

RÉPROBO/A: Maldito, endemoniado, execrable. La niña de *El exorcista* era réproba, qué cosas.

REVOLTOSO/A: Rebelde, revolucionario, sedicioso, insurrecto. ¡Hay que ver cómo me ponían mis vecinos y educadores!

Rústico: 1. Paleto, palurdo, zorrocotronco. 2. Grosero, burdo, ordinario. Lo rústico se puso de moda y la gente se llevó la tele, el coche y el sofá al campiri; al paleto se le concedió una posición más elevada, pero nadie le retiró el azadón.

Sencillo/a: Rudo, salvaje, primitivo. Con el don de cultivar la tierra

Señalado/a de la mano de Dios: 1. Minusválido. 2. Persona con cualquier defecto corporal. Dios, que trabaja más bien poco —en realidad casi siempre está de vacaciones—, a veces mete la pata hasta el fondo.

Simple: Mentecato, tonto, bobo, más que el mecanismo de un chupete.

Simulador/a: 1. Impostor, calumniador, hipócrita, falsario. 2. Político. La clase política siempre sale mal parada en las definiciones; pero sería injusto no decir que hay personas capaces de dedicarse a la política porque creen que sus vidas deben servir para mejorar la de los demás. ¿Cuántos? No empecemos...

Sin juicio: Loco, demente, perturbado mental. Llamándole como a un niño, parece que se reduce el daño que pudiera ocasionar.

Soberbio/a: 1. Altanero. 2. Violento. Como también significa «magnífico», da lugar a alteraciones de la personalidad.

SOFISTA: Periodista, escritor o filósofo que razona o argumenta con el fin de persuadir y hacer creer a la gente lo que es falso, intoxicador. Aunque el movimiento de la sofística apareció en Atenas entre la mitad del siglo V antes de Cristo y la mitad del siglo siguiente, hoy, en nuestro país, cuenta con más adeptos de los que jamás tuvo.

SOLAPADO/A: 1. Falso, hipócrita. La espalda del amigo que ves alejarse cuando empiezan los problemas. (Licencia que me tomo porque sí, de una definición que el extraordinario escritor Ambrós Bierce da en su magnífico *Diccionario del Diablo.*) 2. Espía.

SUBREPTICIO/A: Ilegal, ilegítimo, ilícito. De cada cien, ¿cuántos comprenden el significado directo?

TÍMIDO: Cobarde, gallina, pusilánime. La timidez escondió el temor.

TOCADO/A DE LA MANO DE DIOS: 1. Privilegiado, afortunado, extraordinario. 2. Inteligente, juicioso, docto, sagaz. 3. Agraciado, guapo, jacarandoso, donairoso. Si se tiene la suerte de que el Creador esté concentrado, y a la tarea, naces en burro.

TORCIDO/A: 1. Desviado, inmoral, libertino. 2. Homosexual, lesbiana. 3. Cabreado, enfadado, irritado. La polivalencia eufemística de este vocablo es atosigante.

TORNASOLADO/A: Adulador, servil, lisonjero, trepa, lameculos. Es tan nacarado que parece un piropo.

TRANQUILO/A: 1. Insensible. 2. Impotente, frígida. En los dos casos el término es de una benevolencia excesiva.

TURISTA: Vagabundo, mendigo. ¡Me encanta! Llamar así a un mangón roza la genialidad... y el recochineo.

UJIER: Portero, mayordomo, conserje. Encima les dan una gorra de plato y mandan más que un hombre sin brazos.

VARÓN: Semental, padrote, macho. Para el carné de identidad.

VEHEMENTE: Brusco, extremoso, arrebatado, frenético. Funciona a las mil maravillas: cuando al ardoroso interlocutor se le sugiere ser un poco menos vehemente, actúa como un freno.

VINDICADOR: Vengador, rencoroso, cruel, inhumano, feroz, brutal. «¡Santiago y cierra España!» Con esta consigna el Capitán Trueno se vengaba del invasor musulmán, que era, en realidad, el inhumano y feroz.

VORAZ: Destructor, violento. Como parece cosa de animales, únicamente, o del fuego que arrasa nuestros montes en verano, sirve para lo que estamos.

¡a ver cómo te portas!

ACONSEJAR: 1. Sugerir. 2. Amenazar: «Te aconsejo que, en este asunto, mantengas la boca cerrada.»

ADAPTARSE A LA SITUACIÓN: Subordinarse. Hay personas con una capacidad sobrenatural para mutar sus instintos, sus necesidades y sus convicciones.

ALTERNAR: Desde ingerir bebidas alcohólicas hasta dejarse el jornal en una mesa de juego, pasando por prostituirse o ser asiduo al mundo de la prostitución.

ALUDIDO/A: Insultado. Por alusiones algunos cogen el turno de palabra y no lo sueltan ni a tiros.

Amnesia: Estado mental que conviene a unos pocos para que otros muchos no recuerden las putadas que aquéllos les hicieron en el pasado.

Animadversión racial: Xenofobia, racismo. Odio, repugnancia u hostilidad hacia los extranjeros.

Animosidad: Despecho, rencor, encono, inquina. Estado de ánimo que, como tal, va y viene; así arreboza el verdadero sentimiento.

Apearse: Olvidar los principios, cambiar de camisa, rendirse. A los amigos se les puede contar que ha sido una nueva toma de conciencia, pero que no se distancia en absoluto de la línea de pensamiento que hasta entonces se ha tenido.

Arreglo: Componenda, acuerdo de carácter inmoral.

Arrendar las ganancias: Peligro, riesgo, trance, dificultad. Sensación que tenemos cuando vemos que alguien está en peligro o expuesto a un riesgo; también cuando alguna persona tiene que trabajar arduamente para conseguir un propósito.

Arrimarse: 1. Buscar beneficio o favor. 2. Hacer la pelota, lisonjear. 3. Darse el filete, picar el billete. Quien a buen árbol...

Arrimo: 1. Favor, tráfico de influencias. 2. Peloteo, halago.

BAJO MANO: En secreto, escondido, oculto, clandestino. Así se han enriquecido muchos.

¡CARAMBA!: Para decir educadamente «coño», «carajo», «hostias», «copón»...

CARGAR: 1. Irritar, cansar, molestar. 2. Según *El tocho cheli,* colocar el aparato genital masculino a un lado u otro. Se dice que los que cargan a la derecha lo hacen para indicar que son homosexuales. El Serni, famoso e insigne buscador de palabras, lo resuelve respondiendo que carga a la derecha porque el médico le ha dicho que le va a dar un «paralís» en el lado izquierdo y está salvando todo lo que puede.

CEDER: 1. Rendirse, someterse, doblegarse. Generalmente la cesión es precedida de alguna prebenda, talón bancario o promesa sustanciosa. 2. Acceder al sexo, aunque no resulte muy divertido.

CELOS: Se confunden los «celos» con el «celo», y mientras éste significa «voluntad, estímulo, diligencia y esmero», los otros son provocados por la desconfianza, la suposición, la sospecha y el recelo.

CHISME: 1. Calumnia, injuria, maledicencia. 2. Polla, pene, rabo, ciruelo. Contar un chisme parece tan inocuo, insustancial y anodino como arrimarlo.

CHOCANTE: Una buena forma de llamarle a alguien ridículo.

CLASES PASIVAS: Los que ganan menos de cien mil al mes y no salen a la calle con escopetas, los que no tienen trabajo después de haber pasado veinte años estudiando y no salen a la calle con más escopetas, los que se han quedado en el paro con una limosna, después de haberse dejado la vida en una empresa y no salen a la calle con todas las escopetas, y todos aquellos, en fin, que no sacan las escopetas porque no las tienen, porque no creen en ellas y porque se resignan en un acto de suprema paciencia y civismo, a pesar de ser maltratados socialmente a lo largo de sus vidas.

COEXISTIR: Soportarse, aguantarse, tragar, pasar por el aro. Hay parejas que en coexistencia lo van llevando, pero si se enteran de que están pasando por el aro, adiós.

COHIBIR: Reprimir, restringir, coartar. Cohibirse vale, pero restringir la libertad o los deseos, ¡de ninguna manera!

COJEAR: Provocar desconfianza. Se dice mucho eso de: «Ten cuidado con ése, que yo sé de qué pie cojea», aludiendo a personas deshonestas.

COLONO: Invasor. Que se lo pregunten a los nativos del norte de América.

COMEDIANTE: Intrigante, hipócrita. La mala fama de los cómicos.

COMIDILLA: Maledicencia, calumnia. Aficionados a la comidilla: todos aquellos que padecen de pelusilla.

COMULGAR: Soportar, tragar, pasar por el aro, decir «donde dije digo...».

CONCUPISCENCIA: 1. Vehemencia. 2. Codicia, avaricia. 3. Vicio, lascivia, voluptuosidad. En muchas ocasiones es la dificultad que encierra recordar o decir bien la palabra lo que la hace apropiada para este lexicón.

CONDICIÓN: Raza, categoría, clase. En condiciones normales todos deberíamos ser iguales.

CONFORMARSE: Rendirse, entregarse. Si tengo un vídeo, televisión, el frigorífico lleno y mil duros para salir, ¿por qué voy a hacerme mala sangre?

CONFUNDIR: 1. Entrampar, engañar. 2. Adeudar. Cuando el taxista nos hace el lío, con el rollo de las maletas, la nocturnidad y el aeropuerto, y tenemos la sensación (la certeza ¡qué coño!), de que nos está llevando al huerto pero no tenemos fuerzas para discutir, le decimos: «Perdone, pero me parece que se está usted confundiendo.»

CONFUSIÓN: Caos, desorden. Lo que instalan en la sociedad los que prometen y no cumplen.

CONGOJA: Pena, ansia, pesar, desconsuelo. En lugares públicos también se dice «estar acongojado», cuando se quiere decir que se está acojonado.

CONTRACULTURA: Rechazo de los valores sociales y las formas de vida según las buenas maneras y la moralina al uso.

CONTRAHACER: Copiar, plagiar, fusilar. No hay forma más suave de llamar al pirateo y la elusión del pago de los derechos de autor.

CONTRARIAR: 1. Mortificar, disgustar. 2. Estorbar, rebatir. Llevando la contraria, que parece algo tan inofensivo, se puede acabar con el equilibrio nervioso de cualquiera.

CONTRARIEDAD: Antipatía, disgusto, decepción. Una decepción se sufre, las contrariedades son la savia de nuestras agitadas vidas.

CORRECCIÓN: Censura. La mordaza puesta mediante la simple apariencia de una inofensiva objeción.

CORTAR EL BACALAO: Mandar, dominar. Con el cuchillo en la mano, a ver quién es el guapo que se pone cerca.

COTILLEAR: Calumniar, injuriar. Perder la vida en los asuntos ajenos.

CRECER: Medrar, que es lo mismo que lamer culos para prosperar.

CRUCIFICAR: 1. Dañar, perjudicar, menoscabar. 2. Arruinar, empobrecer. 3. Injuriar, ultrajar, baldonar, agraviar, denigrar, difamar. No es una expresión muy decorosa, pero abarca todo lo anterior, que es, sin duda, peor.

CUENTO: 1. Mentira. 2. Respuesta parlamentaria. Ideal para dormir. Término tan candoroso que embusteros y políticos no quedan muy mal parados.

CURARSE EN SALUD: Aunque debiera ser: «precaverse de un daño ante la más leve amenaza», lo cierto es que se utiliza cuando queremos decir: «No me fío de nada ni de nadie.»

DAR CAÑA: Torturar, maltratar. En relación de pareja «dar caña» es provocar los celos. Masoquismo a lo bestia.

DAR COBA: Adular, lisonjear, lamer culos, comer nabos. La coba es un embuste gracioso y menos rastrero que lamer culos.

DARSE POR ALUDIDO: Decir educadamente que alguien te está tocando los cojones.

DARSE VIENTO: Jactarse, tirarse el rollo, presumir. Las ínfulas a los cuatro vientos, las intenciones también.

DECADENCIA: Degeneración. Algo parecido a lo que le está pasando al mundo occidental; y que ya le pasó a los países del bloque socialista.

DEFECCIÓN: Traición, deslealtad. Hay que intentar, al menos, que el alejamiento de una causa o ideal sea de forma digna.

DENOSTAR: Insultar, injuriar, ultrajar. Pero ¿a que parece más suave?

DESACUERDO: En algunos asuntos, incluyendo, especialmente, los deportivos, los desacuerdos terminan a puñetazos; en política, con una división o un cisma.

DESAFECTO: Odio, malquerencia, inquina, tirria, execración. Sentir desvío e indiferencia por algunas cosas, situaciones o personas no es tan malo como pudiera parecer.

DESAPEGO: 1. Frialdad, aspereza. 2. Insociabilidad, antipatía. Ayuda a marcar las distancias.

DESDECIRSE: La forma más sutil de rectificar lo que se dijo ayer, culpando a los interlocutores del patinazo, tratando de convencer al respetable de que se es víctima de una manipulación mediática.

DESDORO: Ignominia, vilipendio, vergüenza, estigma. Cosas tan feas dichas tan bien...

DESENCUENTRO: Exquisita tontería, políticamente correcta, con la que maquillamos el odio, la venganza, la rivalidad y la mala leche.

DESESTIMAR: Rechazar, denegar, desechar. Diplomáticamente, decir que no, que de ninguna manera.

DESFAVORABLE: Adverso, nocivo, hostil, pernicioso. Sin embargo, un disfavor no nos hace perniciosos.

DESGANA: Repugnancia, asco, aversión. Da la impresión de que sólo hemos perdido el apetito.

DESHONOR: Vileza, deshonra, ignominia, abyección, villanía, oprobio, descrédito. Lo que más tienen aquellos a los que se les llena la boca cuando juran por su honor.

DESINFORMAR: Contar, reproducir o comentar verdades a medias. Peor que mentir, por muy insustancial que parezca el término. Esta práctica, común en diversos medios y moneda corriente entre algunos profesionales de la información, la sufrimos todos y cada uno de nosotros si el ser personas bien informadas es uno de los objetivos de nuestras vidas.

DESLEAL: Traidor, alevoso, vil, felón, falso. Es una pena que este comportamiento se vea endulzado por la palabra que lo designa.

DESMENTIR: Reconocer públicamente que lo que se había dicho era verdad.

DESNATURALIZAR: Falsificar, desfigurar. Lo mismo da la leche que el vino, el güisqui que los yogures, el bidé que la máquina de cortar jamón: ya nada sabe como antes.

DESQUITE: Venganza. Algunos hombres y mujeres han abocado a la destrucción a países enteros por un incontenible y enfermizo afán de venganza.

DESUNIÓN: 1. Rompimiento, discordia. 2. Divorcio. Se acaba peor divorciado que desunido, aunque cuesta lo mismo.

DEVANEO: Disparate, delirio, aberración, locura. Ideal para componer poesía.

DISENSIÓN: Contienda, riña, bronca, pelea. Pero en un Parlamento civilizado, no en el de Taipeh.

DISENTIR: La mejor forma de disputar con alguien y seguir siendo educado.

DISPUTA: Pleito, pendencia, gresca, zaragata. Lo que ocurre en el Parlamento de Taipeh un día sí y otro también. Discuten a zapatazos, créanme.

DUPLICIDAD: Falsedad, engaño, hipocresía. Las dos caras de Géminis.

ENCOGERSE: Acobardarse, acojonarse, amilanarse. Es como cuando esos generadores de opinión se encuentran en la calle con alguna persona víctima de sus desatinos y empiezan a hacerse pequeños y más pequeños; y se encogen y se rilan y se desdicen y se cagan y, ¡puf!..., desaparecen.

ENCOGIDO/A: Pusilánime, cagón, cobarde. El que me encontré en la calle el otro día.

ENCOMIAR: Dar jabón, adular, lisonjear. Decir al jefe: «¡Qué bien lo haces, macho!», a sabiendas de que lo hace como el culo.

ENEMISTAD: Odio, hostilidad. Cuando oímos que alguien no tiene enemigos, pero le hacen saltar por los aires, se trata, obviamente, de puro odio irracional; o de que tenía amigos muy brutos.

ENOJARSE: Rabiar, encolerizarse. Cabreo de teleserie norteamericana.

ENOJO: Rabia, furia, ira. Lo que sienten el chico y la chica de la serie yanqui en la que todos son guapos y altos, y los padres más, y uno que pasaba por allí también, y viven en un sitio precioso, donde las casetas de los perros tienen aire acondicionado y los jardineros conducen descapotables; y entonces a la chica se le ocurre pensar que sus padres ya no la quieren e intenta suicidarse echándose un litro de colonia francesa de a cien pavos el frasquito, pero su amiga, que está muy, pero que muy guapa, le dice que cómo se le ocurre con lo que la quiere el chico del equipo, y ella reflexiona y comprende que sus padres la quieren, pero están muy ocupados trabajando para ganar dinero para poder pagarle la colonia...

ENTONTECER: Fin último de algunos programas de televisión.

ENTREGA: Rendición, sumisión. En muchas empresas se valora la entrega tanto como la productividad.

ESCÁNDALO: Perversión, depravación, desvergüenza. Para algunos es lo que para otros no es.

ESTADO DE NECESIDAD: Pobreza, indigencia. En esa condición se encuentran cientos de millones de personas en el mundo. Y tratamos de aliviarles con locuciones desnatadas.

EXECRABLE: Infame, detestable, aborrecible, grimoso. Pero como hay que buscar en el diccionario para saber qué significa, pasa sin que parezca un gran insulto, lo que realmente es.

EXENTO DE CALIDAD: Deteriorado, malo, precario, pésimo. La OCU advierte permanentemente contra el abuso en el comercio y recomienda que consumamos menos y mejor; en ese empeño nos alerta de los objetos o alimentos exentos de calidad.

EXTRAÑO/A: 1. Atroz, infame, monstruoso. 2. Extranjero, guiri. ¿Por el miedo a lo desconocido o, simplemente, porque es más correcto?

FANGO: Degradación, depravación. Sacar del fango a la pobre chica rubia y guapa era la misión de los buenos en la mayoría de las películas de los años cuarenta.

FILFA: Mentira, embuste, falsedad, trápala. Hermosa palabra que nos advierte del peligro de ser engañados.

FLEMA: Pachorra, cachaza. Dicen que es cosa de los ingleses, pero no hagan demasiado caso.

FRENESÍ: Ira, furia, cólera, rabia. Películas, perfumes, ropa, novelas... En algún momento alguien ha encontrado en el estado de ánimo que define esta palabra la fuente de inspiración que necesitaba para crear su obra. Sonora y bella, enmascara significados terribles.

GOLPE DE GORRA: Comer, viajar o vivir por la cara, de patilla. Como muchos de esos famosos que nadie sabe por qué lo son, pero viven sin dar ni capazo.

GORRAZO: Golpe de gorra, abuso, engaño. Un saludo que nos puede costar carísimo.

HÁBITO DEGRADANTE: Según quién lo juzgue, desde la masturbación hasta ver todos los partidos de fútbol que retransmiten por televisión.

HACERSE EL SUECO: 1. Ignorar, *motu proprio*, que se está siendo víctima de un engaño amoroso. 2. Hacerse el loco, desentenderse de una cosa, fingir que no se entiende. En la España de los años sesenta, después de que el Capitán Trueno fuese el primero en ligar con una sueca (Sigrid de Thule, reina vikinga), se abrió la veda para los españolitos cazadores de grandes, voluptuosos y rubios trofeos personalizados en turistas del norte de Europa que llegaban a nuestras costas para disfrutar del sol, el jamón, los toros y las paellas. La estrecha mentalidad de aquellos años hizo suponer a nuestros compatriotas que los suecos, por ejemplo, eran cornudos y no les importaba, o no se enteraban, de ahí que «hacerse el sueco» y «cornudo» significasen lo mismo.

HUMOS: 1. Soberbia, altanería, vanidad. 2. Cólera, ira. El incendio que llevamos dentro.

ÍMPETU: Violencia, frenesí, descomedimiento. De telenovela venezolana.

IMPONENTE: Horrible, espantoso, terrorífico. Cualidades extraordinarias, sin duda, pero nada deseables.

IMPONER: Acobardar, intimidar, amilanar. Imponer y sembrar el odio van en el mismo cesto.

IMPUREZA: Adulteración, inmundicia, porquería. De lo que viene repleta el agua y algunos refrescos, leches y zumos.

INCLINAR: Instigar, persuadir, inducir. Arrastrar a alguien hasta la situación que beneficia al instigador.

INCOMODAR: Irritar, encocorar, joder, fastidiar. Enchufar la aspiradora cuando el otro está viendo la televisión es un incomodo en una recién iniciada relación. Al cabo del tiempo es una putada que sólo se hace por joder.

INCOMODIDAD: Molestia, malestar, desagrado. Compartir un pequeño sofá, una cama de cadete, el plato de ducha y el armario empotrado no es una molestia hasta que falla la primera noche. Después..., munición para la separación.

INCOMPATIBLE: La incompatibilidad se considera razón suficiente para conceder un divorcio. Al referirnos a alguien diciendo que somos «incompatibles» con él evitamos tener que utilizar palabras mayores.

INCONSCIENCIA: Ineptitud, necedad, incultura. Al no darse cuenta de sus palabras y acciones, al inconsciente no hay más remedio que admitirlo como es.

INDIGENCIA: Mendiguez, pordiosería, mendicancia. Carta de naturaleza otorgada por los responsables civiles a una situación que nos avergüenza a todos.

INFLUJO: Predominio, imperio, autoridad. Lo que hacen algunos y algunas cuando manipulan un noble hechizo de amor.

INFORTUNIO: 1. Desgracia, calamidad. 2. Plaga, peste, azote.

INTELIGENCIA EMOCIONAL PREPOTENTE: 1. Autodidacto. 2. Complejo de superioridad. ¿Cómo se puede tener complejo, creyéndose, o sabiéndose, superior?

INTENCIÓN SOLAPADA: Intriga, maraña, maquinación, complot, trama.

INTOXICAR: Palabra muy fuerte que oculta intenciones realmente perversas: confundir a la opinión, crear un ambiente favorable, o desfavorable, dependiendo del propósito, y por encima de todo, insultar la inteligencia de los ciudadanos.

JARABE DE PALO: Maltrato, tortura. Como si el jarabe de medicamentos no fuese ya suficiente tortura.

LICENCIA: 1. Abuso de confianza. 2. Inmoralidad,

desenfreno, deshonestidad. Con la facultad y el permiso de hacerlo.

LLEGAR A LAS MANOS: Darse de hostias, golpearse, pegarse, pelearse, maltratarse.

MANOS SUCIAS: 1. Falta de honradez, deshonestidad. 2. Criminalidad, terrorismo.

MAQUILLAJE: Cosmética, disimulo. Se maquillan las cuentas, se maquillan los currículos, se maquilla el pasado... Pero cuando se despintan, aparece lo que realmente son.

MAQUILLAR: 1. Encubrir, ocultar, disimular, entapujar. 2. Fingir, omitir. Como las arrugas, los defectos y el delito.

MÉTODO: Orden, concierto, disciplina. Según algunos profesores de Arte Dramático: gritar y llorar para sacar lo mejor de uno mismo.

MINUTA: Al latín se fueron a buscar los abogados para distraer la atención del sablazo que, generalmente, dan.

MOLESTIA: Ira, cólera, rabia, iracundia. A punto de terminar la película, suena el timbre. «¡¿Pero quién coño puede ser a estas horas?!» «Vecino, perdone si le molesto. ¿Me daría una tacita de azúcar?» «¡Oh, claro, no se preocupe, no es ninguna molestia!»

MURMURACIÓN: Mentira, falsedad, engaño. Si es verdad, no se murmura, se dice.

NIMIEDAD: Tacañería, cicatería, ruindad, miseria. Esta palabra, del latín *nimius,* que significa «excesivo y abundante», se entiende mal, generalmente.

OBEDIENCIA: Docilidad, sumisión, acatamiento. Imprescindible para pasar por la milicia sin problemas.

OBEDIENCIA DEBIDA: Paraguas de las tropelías que cometen algunos que se denominan a sí mismos «mandados».

OLER LA PISTA: 1. Astucia, artificio, artimaña, sutileza, sagacidad. 2. En el mundo del narcotráfico, seguir el camino de la droga.

OPINIÓN: La forma más suave de decir que se tiene la razón en una tertulia televisiva o radiofónica: «En mi opinión, yo creo...»

PAJOLERA IDEA: Como decir «ni puta idea», pero finamente.

PELUSA: Envidia, codicia, celos. Se utiliza, habitualmente, refiriéndose a los niños, quizá con la sana intención de que tarden lo más posible en practicar el deporte nacional.

PERTURBACIÓN VIOLENTA DEL ÁNIMO: Cabreo, rebote. Lo que sienten los forofos cuando pierde su equipo, los vecinos envidiosos cuando ven el coche nuevo del que vive en el ático, los compañeros de trabajo cuando ascienden a otro, los camaradas de gimnasio cuando ven el ligue macizo del monitor y lo que sentimos todos cuando oímos que a alguien le han tocado quinientos kilos en la primitiva, ¿o no?

PISAR: Mancillar, atropellar, manchar, escarnecer. Hay que ver cómo duele un pisotón.

POSTULAR: Pedir, pero sin mendigar, para un buen fin y en fechas señaladas.

PRECEPTO DE SUPERIOR: Obediencia, obediencia debida, obediencia ciega. Conceptos, todos ellos, que nos hablan de cumplir la voluntad de quien manda, de ser dóciles, adocenados, serviles; de perder, indignamente, el derecho a ser uno mismo, a dirigir y controlar el propio destino.

PRESUNCIÓN: Fatuidad, necedad. Se hace faltando el respeto a las personas que se tienen cerca.

PROCACIDAD: Cinismo, desfachatez, avilantez. Habilidad para vender libros y llenar los cines.

RAMALAZO EQUÍVOCO: Ambigüedad. Se lleva mucho el provocar dudas, incertidumbre o confusión con respecto a cualquier aspecto de nuestras vidas; pero velar o no definir a las claras la actitud y/o la opinión, a veces, no es más que simple cobardía o puro acomodo.

REGULAR: Ordinario, corriente, común. Desde luego, para no ofender.

REIMPRIMIR: Copiar, imitar, plagiar. Curiosísimo eufemismo que significa «robar los derechos de autor».

REMEDO: Copia, plagio. Delito contra la propiedad intelectual, que, así denominado, parece que hace menor el perjuicio al que se somete al creador.

RENDIMIENTO: 1. Lucro, ganancia, usura. 2. Sumisión, subordinación. En ambos casos, de una efectividad prodigiosa.

REPROBAR SEVERAMENTE: Maldecir, execrar, detestar, abominar, anatematizar.

REPROCHAR: Vituperar, insultar, deshonrar, humillar, denigrar. El baúl de reproches es una carga demasiado pesada para viajar por la vida.

REPRODUCIR: Calcar, copiar, imitar, plagiar. Las diferentes sociedades de gestión que representan los derechos de todos los creadores denuncian permanentemente lo que se quiere ocultar con este eufemismo.

RUMOR: Habladuría que deja de serlo cuando el protagonista se empeña en desmentirlo.

SEGURIDAD EN SÍ MISMO/A: Ir por la vida de yateras, pavoneando y creyendo que el ombligo del mundo está a cuatro dedos de su pelvis.

SENTAR LA CABEZA: 1. Crecer, desarrollarse, formarse, progresar. Hartos estábamos de oír a nuestras madres repetir constantemente esta expresión; ellas lo que querían era que fuésemos hombres y mujeres de provecho. Unos sientan la cabeza a tiempo, otros no la sientan nunca; se trata de dar vueltas a la silla con el objetivo de alimentar la curiosidad inherente al ser humano. 2. Casarse. En absoluto estoy de acuerdo con esta acepción por varias y distintas razones; el refranero lo dice así: «Quien no la corre de soltero, la corre de casado.» 3. Abandonar las drogas, el alcohol, el juego o cualquier otro vicio, si es que queda alguno.

SENTAR LA MANO: 1. Pegar, golpear, castigar, maltratar. 2. Dar un golpe de Estado. Invadir un país hostil.

SENTIDO DE LA AUTOCRÍTICA: 1. Antes se llamaba «conciencia» y por su culpa se pueden pasar las noches en vela. 2. Sentido del ridículo.

SUMISIÓN: Esclavitud, ilotismo, servidumbre. Lo que desprecian los insumisos.

SUPEDITAR: Depender, ser sumiso. Esperar a que alguien lo haga por nosotros; ser incapaz de tomar una decisión, fácil o difícil, lo mismo da.

TEDIO: Repulsión, repugnancia, repulsa. El rechazo o desagrado que se siente ante una vida sin objetivos se torna puro desprecio.

TERTULIA DE OPINIÓN: Juicio sumarísimo.

TOREAR: Burlarse, molestar. Aunque sin toro es mucho más fácil.

TORTA: Hostia, guantazo, puñetazo. «Torta» lo decían las chicas, los blandos y la señorita Mari Pili.

TREPAR: Lamer culos y comer nabos hasta decir basta, con el indigno fin de llegar lo más alto posible sin talento, imaginación, ni esfuerzo, ofreciendo tan sólo una larga y macilenta lengua, así como enormes tragaderas.

TRISTEZA VAGA: Melancolía, atrabilis, comalia, engurrio, lipemanía, murria, pesimismo, soledad. Con todas estas acepciones se puede estar triste durante semanas.

UNIR: Maridar, casar. No se menciona la soga en la casa del ahorcado.

VIENTO: 1. Jactancia, petulancia, presunción, fatuidad. 2. Pedo, ril. 3. Eructo, rebuzno. Todo igual de despreciable, maloliente y desagradable. La virtud la tiene la palabra: es valiosa y necesaria.

VINDICACIÓN: Venganza, castigo. Con ese tintineo a literatura caballeresca, esta voz amortigua el odio.

VISTOSO/A: Fastuoso, ostentoso. Los anuncios baratos de los cines a veces nos muestran salones para bodas, comuniones y comidas de empresa, cómodos y vistosos, bien atendidos y de acuerdo con cada bolsillo.

los restos del naufragio

ACHIQUE DE ESPACIOS: Sistema de juego en fútbol que, en realidad, significa terror a perder.

ACUEDUCTO SUBTERRÁNEO: A pesar de lo bien que suena, se trata de una repugnante alcantarilla.

ADUANA: Oficina pública establecida para registrar a los viajeros. Contradictorio, ¿que no?

AFEITAR: Suprimir parte de los cuernos al toro. Hay figurillas de relumbrón que no ven un toro de verdad ni de broma.

ALGUNOS PITOS: Expresión muy taurina que, dependiendo del cronista, puede ir desde la pitada más grande de la historia a palmas acompañadas de pitos.

CALDEAR (CALENTAR) EL AMBIENTE: Frase muy popular en los días previos a algún encuentro de fútbol de gran importancia para los aficionados (cualquier derbi). En realidad, en lugar de crear un ambiente propicio, el efecto que producen las intervenciones de los protagonistas suele terminar con alguna desgracia y lamentables altercados.

CAUSA: Sumario, juicio, proceso. Estar implicado en una causa, aunque se pueda acabar en la trena, impone menos. ¡Tonterías del subconsciente!

CHIRIMBOLO: Llámase así a diversos trastos repartidos por las ciudades con el fin de entorpecer la libre y agradable circulación de los viandantes, así como de afear las calles, plazas y lugares en que son colocados.

CHUBASCO: Chaparrón, aguacero, según el hombre del tiempo.

DESAPACIBLE: Cuando el mismo hombre del tiempo nos avisa de un fin de semana desapacible, llueve, nieva, truena, se desbordan los ríos, se hielan las carreteras y se hace imposible la vida normal.

EDUCACIÓN FÍSICA: Gimnasia. Por mucha educación que se reciba, ocurre como con el sexo, o se practica...

FEN (Formación del Espíritu Nacional): Con estas siglas se abreviaba hasta la intención de esta asignatura durante la dictadura. Alienamiento y anulación de la personalidad social y política.

FRANQUICIA: Privilegio que venden a precio de oro avezados comerciantes que tienen la propiedad industrial de marcas para restaurantes, ropa, discotecas, etcétera.

IDEAL ESTÉTICO: Canon, regla de proporciones de la figura humana. Alto, rubio, atlético... Alta, morena, de ojos verdes, 90-60-90... La inteligencia, el talento, la bondad y el cariño no tienen cabida en este canon.

INFORME DESFAVORABLE: Lo peor que pueden decir de uno.

MURMULLOS DE REPROBACIÓN: Dependiendo del afecto del cronista por quien ocasiona la respuesta del respetable, un rudimentario pateo se puede quedar en simples «murmullos».

NÚCLEO DE CIRCULACIÓN HORIZONTAL: Diploma de honor para el inventor de esta definición: pasillo.

NÚCLEO DE CIRCULACIÓN VERTICAL: Escalera.

NÚCLEO DE CIRCULACIÓN VERTICAL ASCENDENTE: Escalera de subida.

NÚCLEO DE CIRCULACIÓN VERTICAL DESCENDENTE: Escalera de bajada.

NÚCLEO DE CIRCULACIÓN VERTICAL SUBTERRÁNEO: Túnel.

TIEMPO DESAPACIBLE: Treinta y cinco grados en marzo y dieciocho en julio. Siempre según el hombre del tiempo.

VIVIENDA DE PROTECCIÓN OFICIAL: Chabolismo vertical. No en todos los casos, pero, desgraciadamente, casi siempre se trata de eso.